ESTRUCTURA DEL SECTOR PUBLICITARIO Y DE MEDIOS

GUÍA PARA EL ESTUDIO

ESTRUCTURA DEL SECTOR PUBLICITARIO Y DE MEDIOS

GUÍA PARA EL ESTUDIO

ANA LANUZA

CEU | *Ediciones*

Este libro está impreso íntegramente en papel certificado FSC® (papel extraído de explotaciones de bosques sostenibles). El uso de este papel refleja nuestro compromiso con el medio ambiente.

Esta editorial es miembro de UNE, lo que garantiza la difusión y comercialización de sus publicaciones a nivel nacional e internacional.

**Estructura del sector publicitario y de medios.
Guía para el estudio**

© Ana Lanuza, 2024
© Fundación Universitaria San Pablo CEU, 2024

CEU *Ediciones*
Julián Romea 18, 28003 Madrid
Teléfono: 91 514 05 73
Correo electrónico: ceuediciones@ceu.es
www.ceuediciones.es

ISBN: 978-84-19976-07-9
Depósito legal: M-2452-2024

Diseño y maquetación: Andrea Nieto Alonso (CEU *Ediciones*)
Icono de cubierta: Freepik de www.flaticon.com

Impresión: Forletter, S. A.
Impreso en España

ÍNDICE

INTRODUCCIÓN

A riesgo de parecer que caemos en una contradicción, empezaremos esta guía para el estudio de la estructura del sector publicitario y de medios con algunas afirmaciones que pueden parecer desesperanzadoras. Ahí va la primera: elaborar un manual académico actualizado sobre esta asignatura es una tarea imposible. Esto es debido a la dificultad de abarcar en un breve espacio el desarrollo y la situación actual de este sector global. El objeto de estudio no solo es muy extenso, sino cambiante, y hacerle una foto fija sería un trabajo ingente, y al mismo tiempo poco práctico.

Cada vez que vemos una serie en HBO o Netflix, le damos al *like* en Facebook, alquilamos una película en Amazon Prime, utilizamos Google Maps, hacemos un pedido por Amazon, escuchamos Spotify, o vamos a un parque temático como Disneyland o el Parque Warner, participamos de una industria formada por un entramado complejísimo de empresas, que cada día es más abigarrado. Todos los días se crean, se destruyen, se compran, se venden o se fusionan medios de comunicación y agencias de publicidad, todos los días se nombran y se despiden ejecutivos, creativos, mentes pensantes que sostienen empresas tecnológicas, cuyo trabajo se intrinca en la industria de los medios y la publicidad. Sin tiempo para que el mercado publicitario y de medios haya asimilado y regulado los cambios que provoca la incorporación de tecnologías como la inteligencia artificial, se habla ya de *super big data* o del 6G. Todo avanza a una velocidad vertiginosa, ante la cual no es difícil perder un poco la calma y la cabeza.

Además, la industria a la que pretendemos acercarnos evoluciona en estrecha relación con intereses políticos, económicos, culturales o estratégicos de países con distintas religiones, culturas y proyectos, que, si bien la globalización ha conectado en muchos aspectos, todavía mantienen sustanciales diferencias a la hora de contemplar y proyectar el mundo a través de sus industrias, consolidadas o incipientes. Y ya, para colmo, la pandemia mundial del coronavirus irrumpe en nuestras vidas, afectando con fuerza las estructuras sociales y, por tanto, comunicativas, en una medida que sólo el tiempo dirá cual es.

El objetivo de este trabajo es el de señalar una serie de temas cuyo desarrollo debería llevarse a cabo en el momento preciso en el que interesen. Por eso, no es en sí mismo un manual de asignatura, sino una breve guía de trabajo para quien quiera asomarse al apasionante mundo de la comunicación y la publicidad en los albores de la IV Revolución Industrial, una suerte de esquema en el que encajar la evolución de esta industria, para comprender mejor la situación que vivimos y la que vendrá.

Una actualización en cada uno de los puntos, que se plantean de forma muy básica, otorgará al estudiante (quiero pensar que al menos por un tiempo) una visión del sector válida, en un momento concreto de la historia. No hemos renunciado a ejemplarizar el texto con situaciones que tienen lugar en nuestros días, siendo muy conscientes de que pronto quedará desactualizado. De ahí, el necesario trabajo activo de quien confíe en este trabajo para saber un poco más sobre el tema.

Cabe destacar, por último, que, a nivel académico, en esta materia acudiremos a conceptos que provienen de asignaturas como Fundamentos de publicidad o Fundamentos de marketing, que se entienden ya dominados. No nos detendremos sobre estos términos, pues el espacio y el sentido de esta guía no nos permite hacerlo, pero os aseguro que serán muy básicos. Para resolver este tipo de dudas, en caso de que os surja alguna, os remito al *Diccionario básico de la comunicación: publicidad, marketing, creatividad y relaciones públicas* que tenéis referenciado en la bibliografía.

LOS ACTORES PRINCIPALES

A lo largo de nuestro estudio nos vamos a acercar a varios sectores: al de los anunciantes, al de los medios de comunicación, al de las empresas de publicidad y al de los consumidores –es decir, a las cuatro patas sobre las que se sostiene la industria de la comunicación y la publicidad–, a nivel global. A esto vamos a referirnos a partir de ahora como la «estructura nuclear» del sector.

Estos sectores están conectados entre sí, no pueden entenderse sin vincularse a intereses de naturaleza política, económica, cultural o geoestratégica, tanto de empresas como de gobiernos. En realidad, pensándolo bien ¿con qué ámbitos no está relacionado el sector de la comunicación y la publicidad?, ¿no está también relacionado con el mundo académico?, ¿con universidades, escuelas de negocios, institutos de investigación... que sostienen y actualizan la estructura tecnológica, empresarial, sociológica o de contenidos que conforma el sector?, ¿y con la industria biotecnológica, por ejemplo?, ¿o con el mundo del derecho?, ¿qué sería del sector sin la filosofía, el arte, las humanidades? Pero no nos vayamos por las ramas, vayamos punto por punto.

1. RELACIÓN DE LOS ACTORES ENTRE SÍ

Los anunciantes, los medios, las empresas de publicidad y los consumidores mantienen entre sí una relación simbiótica. Por expresarlo de forma muy básica: los anunciantes necesitan una plataforma para la difusión de sus mensajes, y los medios de comunicación se la ofrecen a cambio de dinero; las agencias de publicidad y comunicación se encargan del trabajo, también a cambio de dinero, que procede del anunciante; los consumidores reciben los mensajes y compran los productos o servicios que necesitan para sostener un determinado tipo de vida. El dinero vuelve a los anunciantes. Comunicación y publicidad se entrelazan en este proceso y se vuelven interdependientes a nivel industrial.

Los cambios que ocurran en cada uno de estos sectores (anunciantes, empresas de publicidad, medios de comunicación y consumidores) tendrán por tanto una repercusión directa en el resto, en una especie de efecto dominó, y podría decirse que, hoy en día, la globalización, el desarrollo de la tecnología y la revolución digital son los dedos de la mano que empuja la primera pieza.

Junto con estos actores, no podemos olvidarnos de todas aquellas asociaciones profesionales (AEACP, AGEP, ADECEC, DIRCOM, FAPE, etc.), organizaciones deontológicas, de autorregulación publicitaria (EASA, Autocontrol), de estudio y control de medios (OJD, AIMC, Gallup), etc., que nacen fruto de las relaciones que se establecen entre los distintos actores de los que hablábamos antes. Junto con la estructura jurídica (leyes o normativas que establecen los límites de actuación dentro de la industria, y entre las que podríamos señalar, por ejemplo, la ley 34/1988, de 11 de noviembre, General de Publicidad; o la Ley 29/2005, de 29 de diciembre, de Publicidad y Comunicación Institucional), este maremágnum de organismos puede definirse como la «superestructura» del sector. Su número es difícil de saber, y sus funciones son variadas: pueden ir desde el intercambio de información; la ayuda en la defensa de los intereses mutuos; o la protección del trabajo publicitario, en aras de los intereses de la industria; hasta la recopilación y el análisis de datos relevantes en cuanto a audiencias.

A ellas deberíamos añadir todas las entregas de premios y festivales (CLIO, Leones de Cannes, o El Sol si hablamos de publicidad; o los Oscar, los Emmy o los Goya, si hablamos de televisión o cine, por poner solo algunos ejemplos), que contribuyen a visibilizar la industria de la publicidad y la comunicación. En ellos se teje una maraña de relaciones, que responden a conveniencias de todo tipo, como veremos en el siguiente epígrafe.

Y ya por último hablaremos de todas aquellas pequeñas empresas de servicios auxiliares, que con su actividad permiten que se concrete materialmente el trabajo de anunciantes, medios y agencias: productoras audiovisuales, empresas de diseño, estudios de grabación, imprentas, agencias de modelos y locutores, empresas de servicios empresariales (financieros, jurídicos, telecomunicaciones, mensajería, viajes, traducciones, recursos humanos), etc. Al conjunto de dichas empresas nos referiremos con el nombre de «infraestructura».

2. EL PODER

En este primer punto haremos alusión a un aspecto esencial para comprender esta estructura global de gran complejidad. No se entiende el desarrollo de la industria audiovisual y publicitaria sin tener en cuenta que es una estructura de influencia y poder. Veamos algunos ejemplos que ilustran esta afirmación.

En el terreno político, es de sobra sabido que los medios de comunicación pueden apoyar o hacer caer a figuras políticas –véase el apoyo de *Fox News* a la campaña electoral de Donald Trump en los años 2015 y 2016–. Pero los políticos también pueden destruir o rescatar medios de comunicación –en España, el gobierno de Mariano Rajoy (2011-2018) amparó la operación de salvamento del Grupo Prisa, tradicional azote de la derecha española, mediando con empresas como Telefónica, Santander o La Caixa, para que el grupo solventara la deuda que le hubiera conducido a la ruina–.

Desde el punto de vista geopolítico, podríamos referirnos a la competición entre China y Estados Unidos por liderar las autopistas de la información, que se enmarca en una guerra comercial más amplia, y en lucha por estar al frente de la IV Revolución Industrial; o a la compra de un 9,9% del capital de Telefónica, tecnológica española de carácter estratégico, por parte de STC, controlada por Arabia Saudí (septiembre de 2023), que, si bien ha sido declarada amistosa, podría tener consecuencias de carácter geopolítico en algunos años.

Y si hablamos de las grandes empresas tecnológicas como Apple, Google, Meta... debemos atender al hecho de que, no solo son intereses económicos los que están en juego, sino la capacidad de control de la población, en todos sus aspectos. Estas empresas cada vez tienen una foto mayor y más precisa de consumidores y usuarios, y, así, ejercen el poder que les otorgan los datos. Por otra parte, la capacidad de la inteligencia artificial para conocer y adelantarse a nuestras conductas es hoy una realidad poco transparente y conocida, pero es clave para dirigir nuestro consumo y nuestro voto y, en casos extremos, para vigilar los movimientos y comportamiento de la población (véase China), por no hablar de la capacidad adictiva de la tecnología y sus consecuencias. Los sistemas democráticos van a verse afectados directamente por esta realidad, y previsiblemente, se debilitarán.

A nivel cultural, podemos hablar de cómo movimientos culturales como el *Me too* pueden llegar a tumbar carreras fulgurantes y a denostar a grandes figuras de la industria (Harvey Wenstein), o cómo el trabajo de los *lobbies* gay, feminista, judío o negro han logrado que la

Academia Estadounidense de Cine haya impuesto una serie de normas según las cuales no optarán al Oscar las películas que no sean inclusivas o presenten diversidad racial o de género (previsiblemente a partir de 2024).

1. **El poder de los anunciantes**: este punto se tratará con mayor detalle más adelante, pero, para resumirlo brevemente, diremos que el poder principal del anunciante es que es él quien pone el dinero, y, por tanto, quien está en condiciones de ejercer algún tipo de presión, de manera más o menos legítima. Recuerda la amenaza de marcas tan potentes como Telepizza, Schweppes, Tous, Casa Tarradellas, Estrella Galicia, Nissan España, Postres Reina, Adeslas, MediaMarkt, L'Oreal, Lancôme, Nissan, Domino's, Conforama, Aneto, Phone House, Maybelline NY, Telefónica, Balay, Lotus, El Corte Inglés, Amazon, Ferrero Rocher o Costa Cruceros, de retirar la publicidad del programa de Telecinco *Gran Hermano* por mostrar en directo a una concursante la supuesta violación a la que fue sometida (2017).

2. **El poder de los contenidos audiovisuales y las noticias:** el poder que otorga la difusión de contenidos audiovisuales y publicitarios, en la medida en la que nos transmiten ideas y proponen una forma de vivir y contemplar el mundo, es hoy algo inopinable. Valores culturales, políticos, sociales, económicos o filosóficos se encuentran debajo de la música, los anuncios o las producciones de ficción audiovisual que consumimos cotidianamente. El reguetón o el rap nos introducen con frecuencia en un mundo de sexo y marginalidad; producciones *mainstream* como *The Walking Dead, o El cuento de la criada* nos hablan de teorías políticas y filosóficas en torno

al poder y la supervivencia, pero también de la dignidad del hombre y su necesidad de esperanza; todo tipo de *reality shows* nos ofrecen una especie de *Juegos del hambre* emocionales, al convertir la intimidad en un objeto de consumo; princesas Disney como Mulán, Tiana, o Mérida proponen a las niñas nuevos modelos de mujer; anuncios de bancos, seguros o galletas apuestan por la defensa del ecologismo o la causa LGTB... Material audiovisual de todo tipo que traslada, sugiere, y en ocasiones incluso presiona, con la aceptación de ideas, haciendo posible un proselitismo cultural que interesa a los ejecutivos de medios chinos, indios, americanos, musulmanes, europeos...

Que, en nuestro mundo globalizado, la cultura puede ser una herramienta poderosa a la hora de obtener influencia, es algo que los Estados Unidos han sabido entender muy bien. Por eso utilizan el llamado *soft power*. Este término define una serie de acciones encaminadas a mejorar la imagen del país e influir en los asuntos internacionales a través de la cultura, sin necesidad de hacer uso de su fuerza militar, económica e industrial (el *hard power*).

> El *soft power* es la atracción, y no la coerción (...). Y la cultura norteamericana está en el corazón mismo de ese poder de influencia, tanto si es *high* como si es *low*, tanto en el arte, como en el *entertainment*, tanto si se produce en Harvard, como si se produce en Hollywood (Martel, 2012:14).

Y si, en vez de cultura *mainstream* hablamos de noticias, qué duda cabe también a través de estas se puede influir en la población. Ya sabemos, a estas alturas, que la verdad no puede trasladarse en su totalidad; que la selección de acontecimientos, la colocación de estos en el medio, el enfoque con el que se cuentan las historias, incluso lo que se decide no contar... dirige la opinión de las personas, y que en un mundo que gira cada vez más rápido, es muy difícil procurarse todos los puntos de vista a través de los medios. Lo que se diga o no se diga en cualquier web, radio, red social o cadena de noticias influye en la marcha de empresas, bancos o gobiernos, influencia que se traduce en dinero y, si es el caso, en votos (poder). De ahí el interés por su control.

3. **El poder de los consumidores:** la conciencia del poder de los consumidores ha ido creciendo en los últimos tiempos, y se ha traducido en ese movimiento denominado *consumerismo*. Una de las maneras de visibilizarlo son los boicots a productos o empresas, que pueden traducirse en pérdidas millonarias (en el caso de España, productos vascos o catalanes que provienen de empresas afines al independentismo o al mundo *abertzale*). Al final, si el consumidor no consume, no se sostiene la «sociedad del consumo» (como tristemente ha demostrado la pandemia del coronavirus).

Tampoco podemos olvidar el poder que hoy otorgan internet y las redes sociales a los prescriptores, que con sus recomendaciones pueden llegar a afectar el desarrollo de una empresa. Algunos de ellos, si bien los menos, pueden llegar a mover grandes cantidades de dinero y a hacer de esta actividad su forma de vida. La gente, que consume productos e información, tiene el poder de hacer que la rueda gire, y, por eso, tal como expresa Jeff Harvis «antes de que el público puede aprender a confiar en los poderosos, los poderosos deben aprender a confiar en el público» (Jarvis, 2009:119).

No obstante, los consumidores del siglo xxi deben de andarse con cuidado, pues su percepción sobre su propia libertad, a la hora de consumir productos, contenidos de ficción, o leer noticias, puede estar viciada. La causa es que gran parte de los mensajes que recibimos a través de medios digitales o redes sociales están condicionados por algoritmos cada día más poderosos (hoy el algoritmo rey es el de la red social china TIK TOK), que pueden hacernos pensar que a través de internet estamos conectados con el mundo, cuando en realidad estamos encerrados en una pequeña burbuja.

El consumidor se enfrenta hoy a grandes desafíos, si pretende proteger su libertad y mantener su cerebro en buen estado. La digitalización, uno de los pilares sobre el que se sostiene el cambio de época en el que ya estamos inmersos, trae consigo una remodelación de las formas naturales de comunicación entre personas, mediatiza nuestro conocimiento de los otros, y en ocasiones nos ofrece visiones deformadas de la realidad, lo que condiciona nuestra vida y nuestra felicidad.

Una apabullante cantidad de contenidos digitales –en gran medida prescindibles– someten cada día a nuestro cerebro a una adictiva sobreestimulación, afectando a nuestra memoria y capacidad de atención; haciéndonos, en resumidas cuentas, más débiles y vulnerables a mensajes de todo tipo; y privándonos de un tiempo que dejamos de dedicar al sueño, a la lectura, a la conversación, a la reflexión, o al cuidado de la familia o los amigos, palabras que ya parecen pertenecer a una época pasada, pero que describen realidades fundamentales en la vida de cualquier persona.

NACIMIENTO Y BREVE HISTORIA DEL SECTOR

El sector de la publicidad y la comunicación nace simbólicamente como tal, cuando ambas disciplinas han madurado y se encuentran en condiciones de apoyarse, sin reservas, la una en la otra. Esta relación simbiótica entre comunicación y publicidad, que podemos considerar la chispa de la vida del sector, es verbalizada por una figura clave en esta historia: Émile de Girardin (1806-1881), periodista, publicista y político francés, que formuló el principio de relación entre prensa y publicidad: a mayor tirada, mayor tarifa publicitaria, y menor el precio del ejemplar. Todo empieza, por tanto, en el siglo XIX, cuando ya están consolidadas, a ambos lados del Atlántico, importantes publicaciones que incluían anuncios: *The Public Advertiser* y *Morning Chronicle* (Londres), *La Gaceta de Madrid*, *Pennsylvannia Gazzete*, *Les Affiches de Paris...*

Estructuraremos este punto en cuatro etapas básicas, que coinciden con cambios históricos esenciales que tuvieron lugar durante las cuatro revoluciones industriales que se han producido en la Historia. En primer lugar, señalaremos algunos puntos generales relativos a estas épocas, y posteriormente concretaremos los cambios que, en esos momentos, experimenta nuestro sector.

1. SIGLOS XVIII Y XIX: I REVOLUCIÓN INDUSTRIAL. EL ORIGEN DEL SECTOR

En el siglo XIX, y precedida por la Ilustración, se produce en Inglaterra la I Revolución Industrial. Algunos de los cambios más destacados que se producen en este tiempo son los siguientes:

- **En lo tecnológico:** la máquina de vapor afectó a la industria y al transporte. La introducción de maquinaria en el proceso de producción y distribución hizo que pudiera producirse más, mejor y más barato, y, además, la mercancía podía trasladarse más lejos y a mejor precio, a través del ferrocarril o el buque de vapor.
- **En lo económico:** destaca la imposición de los modos de producción capitalista –teorizados por Adam Smith– y un aumento de la riqueza.
- **En lo político:** se produce un avance de ideas liberales en gobiernos que van tomando conciencia de que el poder de un país se empezará a fundamentar en el poderío industrial.
- **En lo social:** se produce un movimiento pueblo-ciudad, y como consecuencia, un hacinamiento de personas en las ciudades, de estructura medieval.

La aparición de vacunas, la mejora de la alimentación, y el alcantarillado de las ciudades hizo que se redujera drásticamente la mortalidad catastrófica, y aceleró exponencialmente el crecimiento de la población.

Aparecen las relaciones formales y fragmentarias, y se debilitan los lazos tradicionales. Se produce la división del trabajo y la especialización. La burguesía se establece como clase dominante, y se concede a la clase obrera el sufragio universal. Nace la sociedad de masas.

Nace la libertad de prensa en la Declaración de los Derechos del Hombre y del Ciudadano, aprobada por la Asamblea Nacional Constituyente francesa (1789).

Se produce una cadena ininterrumpida de invenciones, como la fotografía, la imprenta mecánica, la rotativa, el cinematógrafo, el teléfono... y se empieza a fabricar papel barato. Algunas de estas innovaciones tecnológicas aplicadas a la prensa permitieron su industrialización, e hicieron posible un aumento de la tirada (más ejemplares de periódico), pero no trajeron consigo una reducción de costes, por la amortización de la maquinaria y los impuestos sobre el timbre.

Y aquí es donde la publicidad entra en escena, para reducir el coste. Bajo el lema del ya nombrado Émile de Girardin «Corresponde a los anuncios pagar el periódico», surgen numerosas publicaciones: *La Presse* (Francia, 1836), *La Correspondencia* (España, 1853), el *Daily Telegraph* (Inglaterra, 1861), el *Sun*, el *Morning Herald* (EE. UU., 1830)... Además de esta reducción de costes, la introducción de la publicidad en la política comercial de los periódicos permitirá editar un periódico a pesar del intento de control gubernamental.

En el terreno publicitario, destaca la aparición de los primeros profesionales: Volney B. Palmer y John L. Hooper, los primeros comisionistas que intuyeron, con acierto, que la intermediación entre los periódicos y los anunciantes podía ser un buen negocio. Las oficinas de Palmer prosperaron: llegó a abrir oficinas en Boston, Nueva York y Baltimore, y pronto le salieron imitadores (en 1861, ya existían en Estados Unidos unas 30 empresas similares). También en los Estados Unidos podemos hablar de George P. Rowell, primer agente de publicidad, quien compiló la primera guía de medios, un listado de tiradas y tarifas, del total de 5.500 diarios. Además, Rowell fundó la primera revista sobre el negocio y la industria publicitaria, *Printer's ink* (1888-década de los 60). En Francia, Charles Duveyrier crea la Societé Générale des Annonces (1845-48), que trabajaba en exclusiva para los tres grandes diarios franceses (*La Presse, Les Debats, Le Constitutionnel*); y en España, Rafael Roldós Viñolas hace lo propio con el Centro Universal de Anuncios Roldós y Compañía (1857).

A finales de siglo XIX, sobre esta experiencia, aparecen las primeras agencias de publicidad en los Estados Unidos, aunque tan solo tres de ellas son relevantes: Ayer and Son (que empieza a ofrecer servicios de creatividad y a exigir un contrato al anunciante, hecho que conduce al establecimiento del famoso 15% sobre la facturación bruta como comisión de la agencia), Walter Thompson (responsable de la introducción de la publicidad en medios reacios a aceptarla como una práctica legítima, y de la incipiente internacionalización del negocio publicitario) y Lord and Thomas. Uno de los principales impulsores de esta última agencia fue Albert Lasker, el padre de la publicidad moderna. Su extraordinaria capacidad de crear anuncios llenos de emoción y persuasión marcaron un hito en la evolución de la publicidad. Fue un hombre con un enfoque comercial revolucionario, y consolidó a Lord & Thomas como una agencia líder en Estados Unidos.

Estas tres agencias eran consideradas agencias de servicios plenos. Con el tiempo se especializarían en sus funciones, y aparecerían las centrales de compra de medios y las boutiques creativas, provocando el crecimiento de un sector que aún tenía que enfrentarse a graves crisis.

Cada una de las historias que hay debajo de estos nombres son dignas de ser contadas, aunque este trabajo pertenece a la disciplina de Historia de la Publicidad, y aquí no podemos extendernos más. No obstante, este breve recorrido nos permite ver cómo en el siglo xix, la publicidad empieza a pensarse, y como, tanto la publicidad como la comunicación, nacen como industria, y se van perfilando sus funciones a nivel profesional, creativo, y jurídico. Ninguna de las dos disciplinas dejará ya de ser una necesidad económica y social para el funcionamiento de nuestra sociedad, y ambas se desarrollarán a una velocidad exponencial hasta nuestros días.

2. PRIMERA MITAD DEL SIGLO XX: II REVOLUCIÓN INDUSTRIAL. GUERRAS MUNDIALES, UN *CRACK* BURSÁTIL, OPTIMISMO EMPRESARIAL Y DESARROLLO TECNOLÓGICO

Se produce una nueva revolución energética, derivada del petróleo y de la electricidad, que llevará al motor de combustión y al motor eléctrico. Las ciudades, que ya tenían luz eléctrica, explosionan demográficamente, debido a la existencia de medios de transporte y al auge de la industria. Se desarrollan las clases medias urbanas.

En Europa, los cambios provocados por la II Revolución Industrial, conducirán a una grave crisis política y al auge de los «ismos» (socialismo, nacionalismo, comunismo, etc.). Puede considerarse que las dos guerras mundiales, que tendrán lugar en este periodo, fueron el colofón de las tensiones sociales y políticas provocadas por la II Revolución Industrial.

En los Estados Unidos, el *crack* de la bolsa en 1929 introduce a la sociedad norteamericana en el caos. Para intentar mantener a flote a la nación, Franklin Delano Roosevelt pone en marcha el *New Deal*, una serie de políticas intervencionistas que pretendían, entre otras cosas, dinamizar la economía y fortalecer a la sociedad, uniéndola bajo un ideal de fortaleza, unidad y superación. El presidente sabrá hacer buen uso de los medios de comunicación del momento –incluido el cine– para convencer a la población de que América podía resurgir de nuevo.

EN LO REFERENTE A NUESTRO SECTOR...

En Europa, la primera mitad del siglo xx está fundamentalmente marcada por la destrucción y las muertes que supusieron las dos guerras mundiales. No obstante, después de la I Guerra Mundial (1914-1918), en muchos países europeos y en Estados Unidos se vivió la euforia del consumismo. Las marcas de consumo masivo se consolidan en los sectores de alimentación, automoción, pequeños electrodomésticos, farmacéutico y de servicios. La segunda mitad de la década de los cuarenta y los primeros años cincuenta fueron años difíciles para el sector de la publicidad pues, a diferencia de los Estados Unidos, Europa necesitó una reconstrucción, y sufrió un desabastecimiento que lastró el desarrollo de la industria.

Y si hablamos de Estados Unidos podemos señalar dos etapas, antes del *crack* y después del *crack*. En los años 20 se afianza la Era Dorada de Hollywood, que duró hasta aproximadamente los años 60. La Primera Guerra Mundial, en vez de perjudicar a la industria del cine, significó una gran oportunidad, pues le facilitó el abastecimiento de los mercados europeos, profundamente afectados por el conflicto. También a comienzos de siglo, se produce en América un magnífico desarrollo y expansión de las agencias de publicidad, que fue respaldado por la aparición de grandes empresas, la necesidad de comercializar las nuevas mercancías, y el desarrollo de medios de comunicación, que necesitaban ser financiados (recordemos el nacimiento del cine en 1894 y de la televisión en 1924, así como el significativo crecimiento de la radio como medio publicitario). Las agencias superan su mero carácter mediador y empiezan a desarrollar un trabajo más planificado, y con un fundamento científico. América domina la práctica publicitaria.

Todo iba bien para los americanos hasta el *crack* de la Bolsa en 1929, que vino a desmantelar la felicidad estadounidense de un plumazo, y afectó seriamente al nivel de gasto y consumo. La inversión publicitaria cayó en picado, y no recuperó los niveles de inversión de los años 20 hasta principios de los años 50. Las agencias de publicidad perdieron clientes y redujeron drásticamente el personal contratado. Es el momento de vender a toda costa, y al existir escasa regulación publicitaria, la venta agresiva (*hard sell*) empezó a predominar en la práctica publicitaria.

Si hablamos de medios de comunicación, la radio fue el único medio publicitario que experimentó un significativo crecimiento en este periodo. Y en cuanto al cine americano, los 30 y los 40 son décadas doradas, a las que pertenecen inolvidables nombres como Humphrey Bogart, Ingrid Bergman, Bette Davis, Cary Grant, Katherine Hepburn, Frank Capra, George Cukor o John Ford, por poner solo algunos ejemplos de actores y directores icónicos que trabajaron durante ese tiempo. En estos años la industria del cine de Hollywood, al igual que la industria publicitaria estadounidense, se impone al resto del mundo.

A pesar de lo convulso de este momento histórico, tanto en una como en otra parte del Atlántico, puede afirmarse que es en estos años (desde la Primera Guerra Mundial hasta la década de los 50) cuando se conforma el panorama de la publicidad moderna, y quedan perfectamente trazados los perfiles de negocio y la actividad publicitaria. El negocio publicitario pasa a conceptuarse como un instrumento de ventas, y no simplemente de información comercial, y la agencia se establece como el organismo encargado de desarrollar la actividad publicitaria. Anunciantes y medios se desprenden de sus publicitarios, normalmente redactores, que se concentran en las nuevas agencias (Eguizabal, 2011:289).

Como una de las figuras más relevantes del periodo cabe destacar a Claude C. Hopkins, *copy* de la agencia Lord & Thomas, y autor del libro *Scientific advertising* (1923). Hopkins puso el acento sobre la dimensión científica de la publicidad, es decir, sobre el hecho de que la publicidad es una disciplina susceptible de ser estudiada a partir de estudios y datos, lo que explicaría su éxito o su fracaso. Hopkins destacaba lo esencial de conocer y analizar a la audiencia y estudiar a fondo el producto, e innovó con métodos como los cupones o el reparto de muestras.

3. SEGUNDA MITAD DEL SIGLO XX: III REVOLUCIÓN INDUSTRIAL. ORDENADORES Y SOCIEDAD DEL BIENESTAR

Desde el final de la II Guerra Mundial hasta la depresión económica de 2007, el mundo ha vivido una de las etapas de crecimiento más impresionantes de la Historia, propiciada tanto por los avances técnicos, como por la ausencia de grandes conflictos bélicos: la sociedad del bienestar toma forma en un entorno empresarial y económico de bonanza y desarrollo.

Se desarrolla la electrónica y la informática, y el ordenador se convierte en un instrumento fundamental para la vida cotidiana y de los hogares y las empresas. Nuestra actividad social y profesional va a empezar a pivotar sobre una pantalla.

Durante la década de los 50 se produce una revolución en el mundo empresarial. Las empresas crecen en competitividad, tamaño y beneficios y, como consecuencia, se acaba en la industria con el predominio de la producción sobre la comercialización.

Si hablamos del sector de los medios, a mediados de la década de 1950, estamos en el reinado de la televisión, medio que va a reconfigurar gran parte del panorama publicitario. Según Raúl Eguizábal:

> Desde la imprenta, ningún medio había tenido una influencia tan amplia y determinante como la televisión. Lo que a la imprenta le costó siglos, la televisión lo hizo en unas pocas décadas. Ningún medio, ni siquiera la radio, obtuvo una implantación tan rápida y profunda (2011:349).

Si hablamos de publicidad, la década de los 50 fue la de los grandes maestros y las grandes agencias. En estos años la publicidad ya es una profesión madura, y los perfiles de sus profesionales están muy definidos, al igual que los procesos de trabajo. Todo el mundo ocupa su lugar en una industria al alza. Las ya míticas agencias de publicidad como Ogilvy & Mather, Leo Burnett, J. Walter Thompson, Young & Rubicam, McCann Erickson, DDB o BBDO, se consolidan en distintas ciudades estadounidenses (principalmente Nueva York, en torno a su conocida Madison Avenue). El dinero fluye, las campañas brillan.

Cabe destacar la figura de George Gallup (1901-1984), considerado el primer director de investigación de mercado en publicidad. Gallup contribuyó al entendimiento de la eficacia de la publicidad, creando diferentes métodos y técnicas de investigación, cuestionarios, grupos de discusión, paneles de los consumidores, así como métodos de medición de las audiencias. Fue el fundador del American Institute of Public Opinion en 1935, uno de los centros de investigación de la opinión pública más importantes a escala mundial. Hoy Gallup Internacional es la organización global de estudios de mercado e investigación social más antigua del mundo, con presencia en más de 60 países de los 5 continentes.

Y ya casi acabando el siglo XX, a mediados de la década de 1990, la aparición de internet anuncia nuevamente cambios esenciales en la estructura del sector de la comunicación y la publicidad. La forma de consumir televisión, radio, prensa, correo, libros o música va a cambiar, y esto obligará a la industria a transformarse. Los medios van a dejar de ser medios de comunicación de masas, y la industria va a empezar a sufrir una serie de mutaciones que nos sumergen de lleno en la IV Revolución Industrial, y nos abocan a un cambio de época.

Respecto a la estructura de las empresas de publicidad, se hará global, y la agencia empezará a vincularse a disciplinas no directamente relacionadas con la publicidad, como las relaciones públicas, el marketing directo o las promociones de ventas. Las agencias pasan a constituirse en grandes grupos de comunicación, al fomentar la diversificación de servicios que ofrecen al anunciante.

4. SIGLO XXI: IV REVOLUCIÓN INDUSTRIAL. DESCONFIANZA, INCERTIDUMBRE Y CRISIS DEL CORONAVIRUS

Los cambios que se producen en nuestros días están estrechamente vinculados al fenómeno de la globalización. Ideas, personas y bienes viajan en todas las direcciones, conectando el planeta y consolidando nuestra interdependencia. La cultura se homogeneiza en muchos sentidos.

Se produce en muchos países una crisis del Estado, que ya no es capaz de garantizar los intereses de sus ciudadanos, ni el estado del bienestar. De hecho, el año 2008 se fija simbólicamente su fin.

La IV Revolución Industrial comienza, sobre todo en Occidente, en un ambiente ideológico de rechazo a los grandes ideales y de profundo escepticismo. En un contexto de posverdad, el hombre del siglo xxi parece renunciar a comprender los fundamentos de su entorno y de su propia vida. Además de desconfiar de su razón, le cuesta distinguir lo cierto de lo falso, lo correcto de lo incorrecto, algo que tiene su reflejo en el cuño de un nuevo término, muy representativo del periodismo de nuestros días: las *fake news*.

La IV Revolución Industrial también se relaciona directamente con el desarrollo bio-tecnológico, la convergencia de medios y el contexto multipantallas, la revolución digital y las redes sociales, realidades directamente vinculadas al sector de la comunicación y la publicidad, y que están contribuyendo a una profunda transformación de las estructuras que tradicionalmente lo han sostenido.

En diciembre de 2019, Wuhan, en la capital de la provincia de Hubei (China), surge una nueva cepa de coronavirus conocida oficialmente como Covid-19. El 11 de marzo del 2020, con 118.000 infectados en 114 países y la muerte de 4.291 personas, la OMS confirma la realidad de la pandemia. El virus hace tambalearse las estructuras económicas, políticas y sociales del mundo entero, y visibiliza de forma tenebrosa los riesgos asociados a la construcción de una sociedad global hiperconectada, en la que los países rectores ven colapsados sus sistemas sanitarios y de atención primaria, y se muestran desconcertados e impotentes. Lo mismo ocurre con las organizaciones internacionales multilaterales (ONU, UE, OMS, OMC...) que, al terminar la II Guerra Mundial, se erigieron como guías de la construcción de un nuevo mundo.

EN LO REFERENTE A NUESTRO SECTOR...

Desde la última década del siglo xx y la primera del xxi, los cambios estructurales en el sector se producen a una velocidad exponencial. El tiempo que vivimos es altamente disruptivo, y la digitalización marca el camino a las empresas que quieran transitar al nuevo tiempo que tenemos ante nuestros ojos. Por ejemplo, con la llegada de los televisores inteligentes (televisión e internet se conectan), se va a transformar el tipo de consumo televisivo y el tipo de oferta audiovisual, que será mucho más variada y segmentada. Las nuevas plataformas de *streaming* (Netflix, Hulu, HBO, Amazon Prime, Filmin...) ya no solo distribuyen, sino que producen películas, series y documentales de gran presupuesto y popularidad. La industria del cine se ve irremediablemente afectada por este hecho. Se habla de la época dorada de las series de televisión, de narrativas transmedia y de un nuevo lenguaje televisivo.

Podemos comprobar como en un breve periodo de tiempo ocurren algunos hechos que van a transformar en profundidad la industria: en 1999, nace Google; en el 2001, Wikipedia; en 2003, Skype; en 2004, Facebook; en 2005, Youtube; en 2006, Twitter (hoy X); en 2007 Apple lanza el Iphone (llega la tecnología inteligente con pantalla táctil y wifi) y Netflix presenta su servicio de *streaming*; en 2009 nace Whatsapp; en 2013 las ventas de música en la tienda electrónica de Apple Itunes superan la barrera de los 25.000 millones de canciones, certificando así la muerte simbólica del negocio de la música en soporte físico; en 2018, la BBC certifica el despegue de la VR (realidad virtual) y la IA (inteligencia artificial) a través de la televisión...

Con este panorama, autores como Jeff Harvis anuncian el fin de los actuales modelos de negocio de las grandes corporaciones, abocadas a la digitalización y a una reconversión total. Los cambios los fuerzan empresas cada vez más especializadas, los nuevos medios informativos, las redes y las plataformas (Jarvis, 2018). En concreto, y si hablamos de los desafíos a los que se enfrenta la industria de la publicidad y la comunicación, resulta obligatorio señalar dos: la confluencia de las llamadas tecnologías exponenciales, y los cambios en el mundo del análisis de datos (*big data*).

Si hablamos de tecnologías exponenciales con un profundo impacto disruptivo hablamos de inteligencia artificial, *big data*, realidad aumentada y virtual, internet de las cosas o Block Chain. Y si combinamos estas tecnologías nos encontramos con la emergencia de conceptos como web 3.0, metaverso, marketing predictivo, *phydigital*, gemelos digitales... conceptos que nos permiten vislumbrar un panorama que obliga a agencias y medios a modificar radicalmente sus estrategias y modelos de negocio.

Asistimos a la emergencia de un nuevo entorno analítico, en el que, tras la desaparición de las *cookies*, adquirirá más que nunca importancia el saber identificar y conocer a los clientes, y saber gestionar los datos. El reto es conseguir una targetización precisa, manteniendo la privacidad del usuario y su interés, dos cuestiones que no son menores, en un panorama en el que el consumidor está saturado de mensajes y demanda una mayor privacidad.

Las formas de usar el *big data* son innumerables y las posibilidades que nos ofrece la inteligencia artificial, impresionantes. Véase a este respecto, y cambiando por completo el escenario de aplicación de la tecnología, los intentos de control de la información llevados a cabo por China[1], una potencia mundial que, ante la realidad de la pandemia,

---

1 Recordemos que China intentó silenciar –o mejor dicho, silenció– a los médicos que denunciaron graves irregularidades en la gestión informativa del coronavirus por parte del Estado. No obstante, la información se filtró, para descrédito internacional de China, un hecho que demuestra que el control de la información en nuestros días es cada vez más difícil.

implementó con eficacia un modelo de cuarentena custodiada, a través de la utilización del *big data* y un sistema de biopolítica digital que alerta a críticos como Byung-Chul Han, quien advierte:

> La vigilancia digital es (...) más eficiente porque es aperspectivista. No tiene la limitación que es propia de óptica analógica. La óptica digital posibilita la vigilancia desde todos los ángulos. Así, elimina los ángulos muertos. Frente a la óptica analógica, perspectivista, puede dirigir su mirada incluso hacia la psique (2019:86).

Entramos en una época de confrontación, de tensiones políticas y sociales y polarización general de las sociedades occidentales. La discusión de si debe prevalecer la seguridad de los ciudadanos o la preservación de los derechos de los que la democracia nos ha dotado (por ejemplo, la libertad de movimiento o de expresión), será una discusión muy presente en la que la industria de la comunicación deberá posicionarse.

Terminaremos este punto constatando la inestabilidad generalizada del momento actual, y los magníficos desafíos a los que se enfrenta el sector de la comunicación y la publicidad, por no hablar de los retos morales y éticos. Solo el tiempo dirá en qué medida la sociedad del mañana será distinta a la de hoy. Lo que es seguro es que la adaptación a este nuevo escenario de aquellas empresas que triunfaron en la III Revolución Industrial no siempre será posible, y que el mundo futuro les pertenece a aquellos que lo consigan o hayan nacido ya en él, asumiendo unas nuevas coordenadas, en una nueva normalidad. Espero que este epígrafe haya contribuido a mostrar la dificultad de analizar pormenorizadamente todas sus aristas, y al mismo tiempo animar a su estudio. A partir de ahora nos centraremos en un contenido más concreto y manejable.

ESTRUCTURA DEL SECTOR DEL ANUNCIANTE

Dejamos aquí las reflexiones generales sobre la evolución del sector para centrarnos en la actualidad de cada uno de los pilares que lo sostienen. Empezaremos por el sector del anunciante. Sabemos que un anunciante es «la persona, empresa o institución que da a conocer, a través de los diferentes medios publicitarios, los productos que elabora o servicios que presta, con fines comerciales, informativos o sociales» (Valverde, 2014:26). Por otra parte, en el artículo 10 de la Ley 34/1988, de 11 de noviembre, General de Publicidad, se define al anunciante como «la persona natural o jurídica en cuyo interés se desarrolla la publicidad». Es decir, con la necesidad del anunciante de darse a conocer se pone en marcha el proceso publicitario.

En este punto, comenzaremos hablando del departamento de publicidad del anunciante, para luego clasificarlo en función de tres parámetros: según su estructura empresarial (tamaño); según la relación que mantiene con la agencia o agencias de publicidad y/o comunicación con la que trabaja; y según cómo se financia (veremos el caso español). Por último, atenderemos a la empresa como anunciante, analizando su entorno para comprobar cómo este afecta a su publicidad.

1. EL DEPARTAMENTO DE PUBLICIDAD

La publicidad del anunciante se gestiona desde el departamento de publicidad del anunciante. La estructura organizacional de los departamentos de publicidad va a depender, lógicamente, del tamaño del anunciante, pues no es lo mismo gestionar la publicidad de una marca de zapatos zaragozana que quiere darse a conocer en España que el Big Mac de McDonalds. En este departamento se analizan las necesidades de comunicación de la compañía, se controla la inversión publicitaria y se elabora el *briefing* de anunciante que, como ya sabemos, es el documento en el que debe figurar toda la información que la agencia necesita para elaborar la campaña.

En el departamento de publicidad del anunciante se seleccionan las agencias con las que se va a trabajar, o se despiden, llegado el momento. Quienes trabajan en un departamento de publicidad están al corriente de las actividades y la situación de la competencia, se mantienen actualizados sobre la situación y las tendencias del entorno empresarial y están en contacto con los medios de comunicación.

Ya sabemos que la relación entre el anunciante y la agencia no suele ser fácil y, por tanto, resulta muy necesario que ambos procuren un ambiente de trabajo relajado y fluido, pues, tanto uno como otro, trabajarán a lo largo del proceso en la planificación, producción y administración de la campaña. No obstante, será el anunciante quien, en última instancia, la apruebe (algo que es lógico, si tenemos en cuenta que es quien las necesita y las paga).

2. TIPOS DE ANUNCIANTE SEGÚN SU ESTRUCTURA EMPRESARIAL (TAMAÑO)

Distinguimos dos tipos de anunciantes según su estructura empresarial: los grandes anunciantes; y los medianos y pequeños anunciantes.

Cuando hablamos de grandes anunciantes, nos referimos a marcas globales, que cuentan con un departamento de publicidad propio y contratan agencias externas, a quienes encargan distintas áreas de su comunicación, que adecúan a los países en los que trabajan. En este tipo de empresas, el departamento de publicidad es el encargado de gestionar la publicidad (contratación de agencias, control de presupuestos, gestión administrativa), pero no de realizar las campañas. Suele encontrarse dentro del departamento de marketing. Algunos de los mayores anunciantes a nivel global son ahora mismo Amazon, Procter & Gamble, L'Oreal, Samsung, Unilever, Comcast o Nestlé.

Una marca global es aquella que ofrece sus servicios o vende sus productos en múltiples países. La imagen de la marca y los principios que la sostienen deben ser siempre los mismos, y su administración se realiza desde una única base neurálgica. En este tipo de anunciantes resulta esencial el control global de la marca, que pasa por equilibrar la dimensión global de la marca con lo local, pues el hecho de gestionar la marca de manera centralizada debe compatibilizarse con su adecuación a las particularidades de los distintos mercados en los que está presente. Por ejemplo, Nike mantiene su *Just do it* en todo el mundo, aunque en los países árabes se adapte a los códigos de vestimenta a la hora de diseñar sus productos.

La centralización o descentralización de funciones del departamento de publicidad de una marca global es por tanto variable, pues va a depender de factores como la estructura del mercado en el que esté presente, la estructura del departamento de marketing de la empresa, la cultura corporativa de la misma, o el presupuesto con el que cuente, entre otros.

Para ver cómo se estructura la publicidad en estos casos, utilizaremos un caso paradigmático: Coca-Cola, una multinacional que cuenta con más de 200 filiales en distintos países y con más de 500 marcas, y cuya popularidad es incuestionable. De hecho, podríamos hablar de esta marca como uno de los grandes emblemas del capitalismo a nivel mundial (junto con Ronald McDonald y Mickey Mouse).

Veamos qué pasó con esta empresa cuando decidió modificar el marketing y las relaciones que venía sosteniendo con su agencia de publicidad de referencia, McCann-Erickson. Coca-Cola había sido cliente de McCann más de 60 años, una situación algo anómala por su larga duración. Juntas habían logrado grandes éxitos, pero la publicidad de los últimos años anunciaba ya un cierto estancamiento creativo. En el año 2003, la marca de bebidas decide traspasar el trabajo creativo. ¿Quiere decir esto que McCann desaparece del panorama? No, puesto que la envergadura empresarial de Coca-Cola necesita de multitud de agencias para el desarrollo de su marketing y su publicidad. McCann sigue como consultora de Coca-Cola, ocupándose de las campañas de la firma fuera de Estados Unidos y siendo la agencia líder para la compra de medios y otras actividades de promoción, aunque la parte creativa fuera otorgada a la agencia Sra. Rushmore.

3. TIPOS DE ANUNCIANTE SEGÚN LA RELACIÓN QUE MANTIENEN CON LA AGENCIA O AGENCIAS DE PUBLICIDAD Y/O COMUNICACIÓN CON LA QUE TRABAJAN

Aquí distinguimos entre el anunciante que trabaja con agencias al estilo de las grandes marcas globales a las que acabamos de atender, y aquellos que optan por el modelo de agencia interna o *in-house agency*.

Hablamos de una agencia interna cuando la agencia en cuestión forma parte orgánica de la empresa anunciante. Cabe destacar que el que un anunciante trabaje con una *in-house*, no quiere decir que excluya otras agencias externas con las que se trabaje de forma puntual. De hecho, la convivencia entre una agencia interna y otras externas parece estar resultando un modelo altamente satisfactorio.

Esta forma de trabajar se está haciendo más y más frecuente, y todo apunta a que seguirá creciendo en los años venideros. En el mercado americano ya es una tendencia asentada, y en Europa parece que vamos por el mismo camino. El hecho de contar con una agencia interna permite un gran control sobre el trabajo, asegura el conocimiento de la marca, y supone un ahorro de costes; y las agencias externas pueden ayudar a que el anunciante no se estanque, a mantener el nervio y refrescar con distintas visiones, en cuestión, por ejemplo, de estrategia o creatividad.

Según el informe *In-housing España 2022*, realizado por Scopen[2], si bien las *in-house* comenzaron trabajando para determinadas áreas más cercanas al marketing (publicidad y comunicación), fueron expandiéndose hacia otras áreas (innovación, RRHH, sostenibilidad, etc.), llegando a convertirse en estructuras transversales, capaces de dar respuesta a una estrategia de comunicación integral, externa e interna.

Según González Lobo y Prieto del Pino, el tipo de anunciantes que tienden a este modelo son aquellos que, o bien manejan un volumen de publicidad que compensa los costes que lleva aparejado el mantenimiento de una agencia; o bien, anunciantes que venden

---

2   https://scopen.com/sites/default/files/studies/informe_in-house_agencies_2022.pdf

productos extraordinariamente técnicos o muy específicos, que no encajan con la orientación más generalista de una agencia estándar (2009:285). Apple, Telefónica, El Corte Inglés, Pernod Ricard, el BBVA o el Banco Santander son algunas de las grandes compañías que se han visto seducidas por esta forma de trabajar.

Para ilustrar este punto, nos valdremos de una conocida marca de ropa: Benetton. En la propia estructura de la empresa italiana se incardina «Fábrica», un centro independiente de investigación en comunicación y creatividad que, publicitariamente hablando, trabaja solo para el grupo Benetton. «Fábrica», está constituida como una entidad independiente, pero, de hecho, trabaja exclusivamente para Benetton y se encarga de su publicidad.

En los años 90, el fotógrafo y creativo publicitario Olivero Toscani fue responsable de una serie de anuncios controvertidos. El tipo de publicidad por la que Benetton apostaba era completamente emocional, anuncios que mostraban imágenes reales o foto montajes que provocaban un fuerte impacto: un bebé todavía unido a su madre por el cordón umbilical; un sentenciado a muerte; un uniforme militar ensangrentado; un cura y una monja besándose; un hombre asesinado por la mafia y cubierto por una sábana, mientras su madre le mira (en realidad, que sea un hombre y no una mujer, que la mafia sea la responsable del crimen, y que sea su madre quien le mira, es cosa mía. Tú busca el anuncio y saca tus propias conclusiones)... Otra campaña polémica fue la que presentaba anuncios en los que líderes mundiales enfrentados políticamente aparecían besándose: Hugo Chávez y Barack Obama; Benedicto XVI y el imán egipcio Ahmed Mohamed el-Tayeb; Angela Merkel y Nicolas Sarkozy; Benjamín Netanyahu y Mahmud Abbas; o los dirigentes de Corea del Norte y Corea del Sur, Kim Jong-il, y Lee Myung-bak. Pero la gota que colmó el vaso de la indignación fue un anuncio en el que un joven, escuálido y con la mirada perdida, agonizaba rodeado de su familia. Moría de SIDA. Esta publicidad se prohibió en distintas naciones, y en España en medios como Vogue, Hola, Cosmopolitan o Man. Luciano Benetton y Olivero Toscani tuvieron que organizar ruedas de prensa por diversas capitales del mundo. En Madrid, el Comité Ciudadano Antisida los recibió con la pancarta «No haga usted negocios con el dolor de las personas con SIDA (y váyase a la M.)».

Ahora nos preguntamos: ¿Podría haber llegado tan lejos en su creatividad un anunciante que trabajara con una agencia vinculada a otras marcas? Probablemente no. La libertad de actuación de la que disponían Toscani y Benetton fue la base para la provocación.

Pero no todo en el mundo de la publicidad son los grandes nombres y las grandes corporaciones. Existen multitud de empresas medianas o pequeñas que realizan publicidad contratando a una sola agencia, o incluso prescindiendo de agencias externas. Este tipo de anunciante no suele disponer de la infraestructura ni de los ingresos necesarios para hacer frente a los gastos de la publicidad, y tiran de imaginación y conocimientos tecnológicos para darse a conocer. Un buen ejemplo de esto lo encontramos en la brillante campaña «Regala Memoria», con la que la Asociación Nacional del Alzheimer (AFAL Contigo) alcanzó gran notoriedad con un mínimo presupuesto.

4. TIPOS DE ANUNCIANTE SEGÚN SU FINANCIACIÓN

En este punto vamos a centrarnos en el caso español. En nuestro país, en función de cómo se financie (es decir, de dónde le llegue el dinero), el anunciante puede ser público, privado o intermedio.

4.1. EL ANUNCIANTE PRIVADO

Las empresas privadas constituyen la base de la economía capitalista. En ellas, el control del capital está en manos de uno o varios particulares –o de otras empresas privadas– y su función principal es dar beneficios a sus accionistas. Algunas de las empresas privadas que más han invertido en publicidad en los últimos años son El Corte Inglés, Volkswagen, L'Oreal, Orange, Mutua Madrileña o Seat. Pero el anunciante privado en nuestro país no se reduce a los grandes capitales, pues la mayoría de las empresas en España son microempresas, es decir, empresas de menos de 10 trabajadores, de las cuales una importante cantidad tan solo cuenta con uno o dos empleados.

Los anunciantes privados pueden ser fabricantes de productos de consumo (Loewe, Rolex, Tomate Orlando) proveedores de servicios (Meetic, Jazztel), empresas de distribución comercial (Carrefour, Decathlon) o personas que utilizan su propio capital para realizar su publicidad. En España, estos anunciantes están sujetos a la Ley 34/1988, de 11 de noviembre, General de Publicidad.

4.2. EL ANUNCIANTE PÚBLICO

Al hablar de anunciantes públicos tenemos que diferenciar entre empresas y administraciones públicas. Esta distinción es importante, ya que las empresas públicas (Renfe, Canal de Isabel II, Loterías y Apuestas del Estado...) realizan campañas comerciales, y están sujetas, al igual que los anunciantes privados, a la Ley 34/1988, de 11 de noviembre, General de Publicidad. Las administraciones públicas, sin embargo, se regirán por otra norma realizada *ad hoc*, como veremos a continuación.

Las empresas públicas en España son aquellas en las que la aportación de capital y la gestión corre a cargo del

Estado o de otros organismos públicos. Actúan en sectores donde la inversión privada no es rentable, o donde a la Administración le interesa tener cierta influencia. No deben buscar el lucro, sino dar un servicio a la comunidad, y maximizar sus recursos. Las campañas publicitarias de empresas públicas las contratan los ministerios.

Las campañas realizadas por las administraciones públicas (Administración General del Estado, comunidades autónomas, diputaciones, ayuntamientos...) no son campañas comerciales sino institucionales[3], y, por su especial naturaleza, están sujetas a la Ley 29/2005, de 29 de diciembre, de Publicidad y Comunicación Institucional (LCPI). La especial regulación de la publicidad institucional responde a la necesidad de mantener en esferas comunicativas separadas las acciones política y ejecutiva del gobierno, atribuidas por la Constitución. Es decir, hay que evitar que el gobierno de turno utilice publicidad financiada por el Estado para lanzar a la población mensajes en su propio beneficio[4].

Las controversias suelen acompañar al reparto del dinero destinado a realizar las campañas publicitarias de las administraciones públicas: acusaciones sobre campañas ofrecidas a medios ideológicamente afines al partido político en el poder, agencias de publicidad privilegiadas, renovación automática e incuestionada de los contratos, o un injusto reparto entre ministerios, son algunas de las acusaciones más frecuentes. La

---

3   Recuerda que la publicidad y comunicación institucional es la denominación genérica de los mensajes que el Gobierno dirige a los ciudadanos en el ejercicio de su función ejecutiva, en cuanto responsable último de la Administración General del Estado (Administraciones públicas).

4   En enero de cada año, el Consejo de ministros aprueba el Plan de Publicidad y Comunicación Institucional, en el que se da cuenta de los planes para el reparto de la comunicación institucional. Lo tienes disponible en www.lamoncloa.gob.es

publicidad institucional en España es un negocio en el que se implican gestoras, contratas y subcontratas, lo que hace que el gasto sea muy difícil de contabilizar.

Pero hay más. A la hora de intentar recabar información concreta, cualquier investigador puede darse cuenta rápidamente de que los datos ofrecidos por los ministerios no son del todo fiables, pues no reflejan los *rappels* (descuentos), ni el gasto en campañas internacionales, ni las inversiones en los medios no convencionales, ni la difusión en radios y televisiones locales. Por otra parte, los datos ofrecidos por Presidencia a través de los informes de la Comisión de Publicidad y Comunicación Institucional (los que realizan el Plan de Publicidad y Comunicación Institucional), referenciados como «inversión publicitaria», incluyen partidas relativas a otras actividades comunicativas no estrictamente publicitarias (relaciones públicas, marketing). Tampoco encontramos menciones a medios concretos.

Esta falta de transparencia en la gestión de publicidad institucional siempre ha suscitado duras críticas. La situación quiso solucionarse con la redacción de la anteriormente nombrada Ley 29/2005, de 29 de diciembre de Publicidad y Comunicación Institucional (LCPI). Pero esta ley, de carácter nacional, convive con otras leyes autonómicas con las que no coincide plenamente, lo que da lugar a confusión. Como vemos, los entresijos del mundillo publicitario son numerosos y en materia de transparencia de información institucional, nuestro país tiene un amplio margen de mejora.

4.3. EL ANUNCIANTE INTERMEDIO

Algunos anunciantes se encuentran entre los privados y los públicos, y no pueden clasificarse como ninguno de los dos, por estar sujetos a circunstancias especiales, como exenciones fiscales, limitación de la publicidad a distintas épocas del año, sujeción a inspecciones... Hablamos de partidos políticos, fundaciones, ONG's, asociaciones profesionales, farmacias, clubes deportivos, colegios de profesionales...

5. LA EMPRESA COMO ANUNCIANTE: EL ENTORNO EMPRESARIAL

Y terminamos este capítulo del anunciante acercándonos a su entorno, para ver en qué medida condiciona su publicidad. Recordemos que cualquier empresa depende de su entorno para poder funcionar, y debe ser capaz de analizarlo adecuadamente para poder definir cualquier tipo de estrategia, incluyendo, por supuesto, la publicitaria. A la hora de hablar de una empresa como anunciante, debemos tener claro cómo se estructura su publicidad desde dentro (microentorno), y qué factores van a condicionarla e influir en su eficacia desde fuera (macroentorno).

5.1. DESDE DENTRO DEL ANUNCIANTE (MICROENTORNO)

Si atendemos a cómo se estructura la publicidad dentro de la empresa anunciante, debemos recordar que esta disciplina no está aislada del resto de departamentos de una empresa. La publicidad es una de las famosas 4 P'S del marketing (*product, price, placement, publicity*), es decir, una de las variables que van a contribuir al éxito o al fracaso en la comercialización de un producto. La estrategia publicitaria se establece para satisfacer un objetivo comunicacional (de comunicación, valga la redundancia), subordinado a un objetivo de marketing (de ventas), el cual a su vez depende del objetivo general de la empresa. Se incardina por tanto en un organigrama que, si bien puede cambiar dependiendo de la empresa, suele ser bastante similar.

A este respecto debemos hablar del «microentorno» del anunciante, o, dicho de otro modo, cómo es la empresa por dentro, y con quién establece relaciones directas. Podemos decir, por tanto, que el microentorno lo conforman las fuerzas que influyen de manera directa en la gestión de la empresa y en sus relaciones de intercambio. El microentorno se divide en «microentorno interno» (la empresa por dentro) y «microentorno externo» (la empresa y sus relaciones). Vamos a ilustrar toda esta terminología con el ejemplo de un anunciante importante, que en nuestro país no ha dejado de ganar notoriedad: la firma sueca de muebles Ikea.

MICROENTORNO INTERNO DE IKEA

Organización de medios materiales, recursos humanos, organigrama, tareas, procedimientos... Para analizarlo sería necesario saber, por ejemplo, que en Ikea promueven relaciones a largo plazo con sus proveedores, que reducen el precio del producto al trabajar con grandes volúmenes, que procuran que sus productos puedan transportarse desmontados y en cajas planas para ahorrar en transporte, o que el negocio se organiza mediante franquicias. Todo esto nos permite saber cómo funciona la empresa por dentro. Mucha de esta información se encuentra en su web.

MICROENTORNO EXTERNO DE IKEA

La empresa y sus relaciones. Las empresas no son autosuficientes y necesitan recursos externos para llevar a cabo sus operaciones. Para ello deben conocer bien a su competencia y establecer relaciones con proveedo-res, intermediarios, grupos de interés, y por supuesto, clientes. En este punto se enmarcaría la relación que mantiene con la agencia de publicidad.

Ikea tiene proveedores por todo el mundo, empresas que fabrican sus productos. En España podemos hablar de Fluvitex (Gerona), Cotoblau (Valencia), SP-Berner (Valencia), Porvasal (Valencia) Froggies (Madrid) o Bruguer (Barcelona); en el caso de los intermediarios –que Ikea pretende reducir al máximo–, podríamos hablar de las empresas de reparto que distribuyen los muebles por las casas; sus grupos de interés serían medios de comunicación, asociaciones de consumidores, entidades financieras, o accionistas (en el caso de que Ikea estuviera en Bolsa, que, de momento, no lo está); su competencia es Maisons du Monde, Muebles Amazon o Leroy Merlín; y, por supuesto, sus clientes que podrían ser estudiantes independizados, parejas jóvenes, matrimonios con hijos pequeños o adolescentes...

5.2. DESDE FUERA DEL ANUNCIANTE (MACROENTORNO)

El «macroentorno» lo conforman fuerzas e instituciones más alejadas a la empresa, pero que igualmente la condicionan. Es imprescindible conocer el macroentorno, porque de ello depende que la empresa cree una buena planificación y estrategia que le permita afrontar las amenazas y aprovechar las oportunidades que puedan surgir. El macroentorno lo conforman 6 tipos de fuerzas, relacionadas muchas veces entre sí: demográficas, económicas, naturales, políticas, tecnológicas y socioculturales. Veamos algunos ejemplos centrados en nuestro anunciante:

- **Demográficas** (tendencias de comportamiento de la población, tasas de natalidad y mortalidad, movimientos migratorios...): porque no es lo mismo vender en Yemen (edad media de 22 años) que en España (edad media que roza los 44, y en tres provincias supera los 50); o diseñar muebles para gente que cambia mucho de casa por motivos económicos, estudios o razones laborales, que para las familias que viven en las mansiones de Bel Air. Si cambias mucho de residencia es lógico pensar que no busques una decoración cara y definitiva para tu casa, sino la posibilidad de vivir en un sitio bonito, pero de paso, que en un momento dado puedas remodelar sin arruinarte.

- **Económicas** (relacionadas con el poder adquisitivo de familias y países): curiosamente, la crisis económica puede beneficiar a algunas empresas posicionadas como vendedoras de productos baratos. Este podría ser el caso de Ikea. No obstante, lo más corriente es que esto no ocurra.

- **Naturales** (cómo es un país orográficamente, si tiene madera o industria metalúrgica, si es propenso, o no, a los desastres naturales...): en el caso de que finalmente el Covid-19 fuese un virus proveniente de la naturaleza y no creado en un laboratorio, sería una causa natural.

- **Políticas** (influencia de sistemas políticos, legislaciones, políticas monetarias y fiscales...): podrían ser, desde leyes que protegieran los bosques e impidieran la tala de árboles, hasta una inestabilidad política fuerte o en un caso extremo, una expropiación.

- **Tecnológicas** (actualmente es la fuerza que más está transformando el mercado, al aportar nuevas oportunidades a las empresas, pero presentándoles también amenazas importantes): posibilidades de venta *on-line*.

- **Socioculturales** (tendencias del estilo de vida, de los valores y las creencias de la sociedad, que dan sentido e identidad): los distintos tipos de familia y la forma de vivir marcan la estructura de una casa. Si se vive o no al aire libre, la importancia que se le da a la vida en familia (que en España es mucha), si se trabaja o no desde casa..., son elementos que una empresa multinacional como Ikea debe tener en cuenta a la hora de diseñar espacios y muebles.

5.3. ¿Y CÓMO PUEDE RELACIONARSE ESTO CON UNA CAMPAÑA DE PUBLICIDAD?

Muchos de los aspectos del micro y el macroentorno –calidad, funcionalidad, forma de los productos, sostenibilidad y precios bajos–, desembocan en un concepto en el que se basa la filosofía de Ikea y que podemos ver reflejado en muchas de sus campañas: diseño democrático. Por diseño democrático se entiende la posibilidad de todas las personas de crear su hogar de acuerdo con sus gustos y estilo de vida. No es tanto tener la casa perfecta, ni siquiera bonita, como construir tu propio hogar. La realidad del hogar supera los muebles y la decoración de una casa, aunque pasa por ellos (de hecho, lo que hacemos en Ikea es comprar muebles). Este concepto se explica estupendamente en una de las campañas más idiosincráticas de Ikea *Bienvenido a la república independiente de tu casa* a cargo de SCPF (y cuyo *claim* aún encontramos en un montón de felpudos).

Ikea ha estudiado muy bien al público al que se dirige y conoce el mundo en el que vive. Por eso sabe darle lo que quiere, y acierta con sus mensajes. Este es, sin duda, parte del éxito de esta compañía sueca, que, si bien no siempre ha hecho todo bien[5], sí ha sabido enfrentarse a las crisis haciendo un buen uso de la comunicación, y ha llevado a cabo una estrategia publicitaria coherente. El hogar como un refugio con normas propias, y la familia como una realidad que merece la pena cuidar, así como la relativa importancia de lo material, que puede hacernos olvidar que lo que verdaderamente importa, son los valores que con frecuencia aparecen en otros trabajos como #LaOtraNavidad, con el anuncio «La otra carta» (McCann) o #DesconectaParaConectar (McCann y MRM/McCann).

---

5 Ikea se ha enfrentado a importantes crisis como la muerte de varios niños aplastados por su cómoda MALM, la crisis de las albóndigas de carne de caballo, o la de los postres en los que se encontraron bacterias coliformes (excrementos).

ESTRUCTURA DE LAS EMPRESAS DE PUBLICIDAD Y OTRAS ÁREAS DE LA COMUNICACIÓN

1. DE LA AGENCIA DE PUBLICIDAD CLÁSICA O DE SERVICIOS COMPLETOS, A LOS GRANDES *HOLDINGS* PUBLICITARIOS

Vamos ahora a ver cómo se estructura la segunda pata del sector: las empresas de publicidad. Empezaremos preguntándonos ¿cómo hemos pasado del reinado de la agencia de publicidad de servicios plenos, a un panorama dominado por unos pocos gigantes de la publicidad? Para contestar a esta pregunta debemos remontarnos a la Nueva York de los años 50, una época en la que la publicidad ya era una profesión madura. En esos días, la estructura de la agencia estaba bastante clara. Las agencias que trabajaban en la llamada época de oro de la publicidad lo hacían bajo unos procedimientos establecidos y bastante solidificados. A continuación, se exponen las áreas principales del organigrama de una agencia de publicidad clásica o de servicios completos. En esta estructura, los puestos y las funciones estaban muy definidas, cada uno ocupaba un lugar en una cadena bien engrasada, cuyo funcionamiento daba como resultado la realización de una campaña de publicidad insertada en los medios.

Hoy en día, las posibilidades que ofrece nuestro sector son enormes, y eso se traduce en una gran variedad de agencias. En algunas encontramos todo tipo de departamentos dentro de la propia agencia, tales como relaciones públicas, marketing directo, recursos humanos, planificación, promociones, patrocinios, producción digital... En otras ocasiones, las agencias trabajan con otras agencias que les ofrecen servicios concretos, como puede ser el caso de la contratación de medios o las boutiques creativas. Puede decirse que hoy, la agencia de servicios completos casi ha desaparecido, y el panorama publicitario se presenta altamente fragmentado y especializado, aunque en una tendencia a la simplificación de sus estructuras. Pero, una vez más, vayamos poco a poco. Recordemos ahora los principales departamentos de la agencia clásica de publicidad.

DEPARTAMENTO DE CUENTAS

Aquí trabajan los responsables de la captación de nuevas cuentas y de la supervisión global de la relación agencia-cliente a lo largo del proceso. Son los responsables del día a día de la cuenta, la supervisión del presupuesto, la asignación de las tareas dentro de la agencia, y las presentaciones al cliente. En el departamento de cuentas se recibe el *briefing* del anunciante, se elabora el *contrabriefing* si se da el caso, y se desarrolla el *briefing* creativo. Esta área puede contar con un director de cuentas y uno o varios ejecutivos de cuentas, entre otros cargos.

DEPARTAMENTO DE PLANIFICACIÓN ESTRATÉGICA

Coordinan la investigación de mercado y buscan datos sobre todo aquello que contribuye a generar una idea: en qué entorno se mueve la empresa, cómo segmentar al público objetivo, qué motiva a los clientes, las acciones de la competencia, el posicionamiento de la marca en el mercado... En este departamento se traduce el *briefing* del anunciante en un documento capaz de inspirar una idea y, como su propio nombre indica, marcan la estrategia de contenidos de la futura campaña. En algunas agencias, este departamento incorpora el de investigación.

DEPARTAMENTO DE INVESTIGACIÓN

Hoy este departamento, encargado de llevar a cabo investigaciones sobre publicidad y mercado que puedan ser útiles tanto al departamento de cuentas como al creativo, es más necesario que nunca, debido a los cambios generados en la industria por la irrupción de las nuevas tecnologías de las que ya hemos hablado (inteligencia artificial, *big data*...).

DEPARTAMENTO CREATIVO

En él se recibe el *briefing* creativo, que permite desarrollar la estrategia creativa. A partir del concepto creativo, el *copy* y el director de arte llevan a cabo la llamada «bajada creativa», que consiste en plasmar el concepto en distintas piezas (para televisión, radio, gráficas, vía pública, medios impresos...).

DEPARTAMENTO DE MEDIOS

Responsable de la estrategia de medios en función del público objetivo y la adquisición de espacios y tiempos en diferentes medios y soportes. Colabora estrechamente con otros departamentos para asegurar la consistencia y la correcta implementación del proyecto publicitario. En él pueden trabajar un director de medios, un planificador de medios, un investigador de medios, o un encargado de la compra de medios.

DEPARTAMENTO DE ADMINISTRACIÓN Y FINANZAS

Es el responsable de la gestión global de la agencia: facturación, contabilidad, financiación, recursos humanos, gestión administrativa, etc. Se encarga de facturar honorarios y pagar a los proveedores, comprar materiales de trabajo y pagar los gastos generales de la agencia.

DEPARTAMENTO DE PRODUCCIÓN

Responsable de hacer crecer la idea del creativo en los medios audiovisuales o gráficos. Selecciona las productoras, fotógrafos, imprentas... o locaciones en el caso de existir rodaje. Responsable de comparar presupuestos (relación calidad-coste) para optimizar la inversión del cliente.

Eguizábal señala como en los años 60, las agencias americanas arrasaban el mercado mundial. La II Guerra Mundial y la llegada de la televisión favorecieron ese crecimiento (véase capítulo 2), mientras la publicidad en Europa sobrevivía como podía. A lo largo de los años 70 y 80 esta tendencia de crecimiento se consolida. Y más o menos así andaban las cosas, hasta que a mediados de los años 80 comienza a avistarse una gran crisis del sector publicitario, y se empiezan a abrir grietas en su sólida estructura. Los anunciantes y las agencias van a entrar en un conflicto desatado por varios factores.

En primer lugar, el departamento de medios crece y se separa de la estructura interna de la agencia, para concentrar los pedidos y obtener más rentabilidad. Así nacen y entran el juego las agencias de medios. Esto hace que las agencias publicitarias pierdan trabajo y se despojen de la que había sido su función originaria: la distribución de la publicidad. El problema que generó esta situación fue que, en la mayor parte de los casos, se fueron parte de los ingresos sin que cambiaran las estructuras, que continuaron siendo mastodónticas, y empezaron a lastrar económicamente a las agencias.

Pero esto no ocurre solo con los medios. Al multiplicarse los servicios que ofrecen las agencias, muchos de los departamentos que antes estaban integrados dentro de la estructura de la agencia de servicios plenos se convierten en agencias especializadas, en la larga lista de disciplinas que ya hemos mencionado: *boutiques* creativas, relaciones públicas, marketing directo, recursos humanos, planificación, promociones, patrocinios, producción digital, consultoría...

Además, esta disgregación dio lugar a uno de los problemas que aún afronta la industria de la publicidad –aunque parezca mentira–. Tradicionalmente, la agencia de publicidad ha cobrado al anunciante un 15% de comisión sobre el montante pagado a los medios de comunicación. Pero al independizarse los medios, esta forma que tenía la agencia de cobrar ya no es posible, y es sustituida por otras (honorarios pactados, participación en resultados, mezcla de honorarios más porcentaje sobre inversión en medios, honorarios más participación en resultados...), todas ellas imperfectas y problemáticas, al ser el trabajo publicitario de una naturaleza difícil de medir cuantitativamente.

Por otra parte, la industria de los medios se sigue expandiendo y globalizando, y la saturación publicitaria se presenta como un problema real. En España nacen las televisiones autonómicas (ETB, TV 3, TVGa, Canal Sur, Tele Madrid y Canal 9) y aparece, ya en la década de los 90, la televisión privada (Antena 3, Tele 5, Canal+). Gracias a esto aumenta la cantidad de plataformas publicitarias, pero al mismo tiempo, la audiencia se fragmenta y la publicidad pierde eficacia. Y es aquí donde empieza a tomar forma un proceso de concentración de agencias y de medios en grandes grupos de comunicación, que «empiezan a tomar posiciones, en una cadena de fusiones, absorciones violentas y creación de redes trasnacionales» (Eguizábal, 2011:414).

En este escenario de cambios, la crisis está servida: el anunciante se queja de que la agencia ya no le conoce y de que no obtiene rentabilidad. Ya no sabe desenvolverse en el maremágnum de agencias que ha venido a sustituir a aquella agencia de servicios completos en la que todo el proceso era más limitado, pero estaba más claro. Crece el número de las agencias que operan en el sector, y su propiedad se concentra en manos de grandes *holdings*. La mayor parte de ellas comienza a adoptar una estructura común, arrasadas por la oleada de acciones empresariales que sacuden el mercado publicitario.

A mediados de los 80 una nueva estructura de megafusiones comienza a instalarse, y cinco grandes *holdings* pasan a controlar las redes de agencias internacionales de publicidad, marketing y comunicación: WPP, Omnicom, Publicis Groupe, Interpublic y Dentsu. Consecuentemente, el número de agencias independientes que operan por su cuenta se reduce significativamente.

El proceso puede describirse como una especie de *big bang*: la agencia de servicios plenos en la que se concentraba todo el trabajo publicitario explotó en millones de agencias especializadas, y ahora –crisis económica mediante y miles de millones perdidos debido al coronavirus–, se está produciendo un proceso de simplificación de esas complejas y caras estructuras, que, previsiblemente, mejorará la efectividad de la publicidad, la rentabilidad, y la comprensión del proceso por parte del cliente.

La publicidad sigue hoy sumida en un proceso de cambio, desatado principalmente por la tecnología, la transformación del panorama mediático y la evolución comportamental del consumidor, todo ello relacionado entre sí. Gran cantidad de voces apuntan hacia la necesidad de la agencia de publicidad de transformarse en todas sus áreas: su modelo de negocio, sus estructuras orgánicas y sus procesos de trabajo, una transformación acuciada por la crisis económica y social que sufrimos en esta época y que amenaza con quedarse una larga temporada. Digitalización, especialización o estrategia son algunas de las palabras que resumen la tendencia general de cambio en el mundo de la publicidad.

2. *HOLDINGS* GLOBALES DE PUBLICIDAD Y MARKETING

A continuación, vamos a ver algunos de los principales grupos que dominan el panorama publicitario a nivel mundial. Cada uno de ellos controla un gran número de redes internacionales de publicidad, comunicación y otros servicios complementarios. El propósito de estos *holdings* es el de asegurar las sinergias de gestión interna de las redes de agencias internacionales, sin merma para la gestión de los clientes globales y el valor de sus acciones. Los *holdings* no van a involucrarse en el día a día de las agencias, sino que gestionarán la estrategia a nivel global. Muchas agencias españolas son filiales de grandes agencias multinacionales y en estos casos suele existir una dirección internacional, que es la responsable de las operaciones de la agencia en los países en los que esta opera.

Podríamos hacer un listado completo de las agencias que conforman los grupos, pero este es el tipo de información que necesitaría ser actualizada con frecuencia. De hecho, en la actualidad, WPP y Publicis están realizando una gran transformación en sus estructuras, que consiste en la integración de muchas de sus agencias de cara a la simplificación de su oferta, dada la muchas veces «excesiva» especialización en diversas disciplinas del marketing que ofrecen estos gigantes. De igual forma, Dentsu se enfrenta a un plan de transformación de negocio que pasa por reducir su número de agencias y por centrarse en las dos áreas de trabajo a las que se les augura un mayor crecimiento: comunicación digital y experiencia de cliente.

Los grandes *holdings* también están apostando por centrarse en el desarrollo de la tecnología, habida cuenta de que los anunciantes llevan ya algunos años realizando un trasvase de sus presupuestos desde la publicidad tradicional hacia el mundo digital. Empresas tecnológicas como Facebook, Google o Amazon se están haciendo con un pellizco cada vez mayor de la inversión que los grandes anunciantes hacen en publicidad, al permitir a las marcas la gestión directa de las inversiones, un hecho que, por otra parte, pone en serios aprietos a los medios de comunicación tradicionales.

Por tanto, nos vamos a limitar a señalar algunos datos que nos permitan hacernos una idea de las dimensiones de estos gigantes empresariales, cada uno de ellos presente en más de 100 países.

WPP

Su origen es el de la fabricación de cestas de alambre, pero hoy podemos decir que es la empresa publicitaria más grande del mundo. Sus oficinas centrales se encuentran en Londres y se expande a través de 3.000 agencias. Su estrategia es muy parecida a la del resto, abarcar todas las facetas de la comunicación y el marketing a nivel global, a través de redes de agencias de investigación de mercados, marketing digital, diseño y *branding*, planificación y gestión de la inversión en medios, gestión de *consumer insights*, relaciones públicas, o comunicación de la salud, por hablar tan solo de algunas disciplinas. Para ello ha llevado a cabo adquisiciones destacadas, como las del grupo JWT (JWT, Hill & Knowlton y MRB Group), The Ogilvy Group (Ogilvy & Mather Worldwide, Ogilvy Direct y Ogilvy Public Relations Worldwide), Young & Rubicam Group (Burson-Marsteller) o Grey Global Group.

OMNICOM GROUP

Fue creado en 1986 a partir de la fusión de las agencias de publicidad BBDO (Batten, Barton, Durstine y Osborn), DDB (Doyle, Dane and Bernbach) y Needham Harper. Su sede está en Nueva York. La cantidad de agencias que forman el grupo es de más de 1.500. Cuenta con tres redes internacionales de agencias de publicidad y marketing: DDB Worldwide (200 oficinas en 90 países), TBWA Worldwide (323 oficinas en 97 países) y BBDO Worldwide (289 agencias en 81 países), que trabajan o han trabajado con clientes de la talla de Volkswagen, McDonald's, Unilever, Mars, Johnson & Johnson, Deutsche-Telekom, H&M, Kelloggs, L'Oreal, Lufthansa, Lexus, Netflix, Pepsico, Playstation o Reebok, grandes anunciantes a los que seduce el aval de las poderosas estructuras internacionales del grupo. Además, tiene el grupo DAS (más de 200 empresas que abarcan múltiples disciplinas de marketing y relaciones públicas y que atienden a clientes internacionales, nacionales o locales, a través de 700 oficinas en 71 países) y Omnicom Media Group (grupo que incluye las agencias Hearts & Science, OMD Worldwide y PHD).

En esta estructura se incardinan agencias líderes en publicidad y medios de comunicación en el mercado americano, como pueden ser Arnell, Goodby, Silverstein & Partners, GSD&M, Martin|Williams, Merkley+Partners o Zimmerman Partners entre otras; agencias de relaciones públicas como Ketchum, Porter Novelli International, Karwoski & Courage; agencias de gestión de clientes como Grizzard Communications Group, Integer Group, Targetbase o TracyLocke..., en fin, una larguísima lista de agencias que conforman uno de los mayores gigantes mundiales del marketing y la publicidad.

PUBLICIS GROUPE

Publicis Groupe es el tercer grupo mundial de servicios de publicidad y comunicación. Su sede está en París. Nació en 1926 como una pequeña agencia de publicidad y hoy tiene presencia en más de 100 países. Si bien sus objetivos son, como dijimos anteriormente, parecidos a los demás grupos en cuanto a diversificación y globalización, cabe destacar, en este caso, una fuerte tendencia a la especialización en el ámbito de la comunicación digital e interactiva. Esto se materializa en una serie de compras, fusiones e integraciones con empresas que encauzarán el grupo hacia una transformación totalmente digital (Digitas, Razorfish, Rosetta, Sapient, la red europea de agencias digitales LBi...). Publicis se organiza en 4 áreas: Publicis Communications, Publicis Sapient, Publicis Media y Publicis Health, y cuenta con agencias del peso de Saatchi & Saatchi, Publicis Comunicación, Leo Burnett o la plataforma *cross-media* Prodigious.

Cabe destacar el fallido proyecto de fusión de Publicis Group y su rival Omnicom, que tuvo lugar en el año 2013. De haberse producido hubiera supuesto la creación de un verdadero titán de la publicidad y el marketing a nivel global, que hubiera dejado muy atrás al resto de grupos, y cuyo valor en bolsa hubiera sido de unos 35.000 millones de dólares (25.335 millones de euros).

INTERPUBLIC GROUP OF COMPANIES (IPG)

Es un grupo americano de servicios de comunicación, que ocupa el cuarto puesto después de WPP, Omnicom y Publicis. Se fundó como McCann-Erickson en 1930, y en 1961 pasó a llamarse Grupo Interpublic. Cuenta con las siguientes grandes redes internacionales: McCann Worldgroup, Mullen Lowe Group y FCB (Foote, Cone & Belding); el grupo de agencias de medios IPG Mediabrands; y el de agencias de marketing, Marketing Specialists. Tiene unos 54.000 empleados.

DENTSU

Dentsu es una empresa japonesa de publicidad internacional y relaciones públicas fundada en 1901 y con sede en Tokio. La oferta de servicios pretende cubrir todos los ámbitos de la comunicación publicitaria, en este caso, a través de 10 redes internacionales –Carat, Dentsu, Dentsu Media, iProspect, Isobar, Mcgarrybowen, Merkle, MKTG, Posterscope y Vizeum– con las que ofrece servicios como marketing digital, creatividad, promociones, medios de comunicación, contenido, relaciones públicas y negocios globales.

3. AGENCIAS DE PUBLICIDAD INDEPENDIENTES

Se llaman agencias independientes o *indies* aquellas que están fuera de los *holdings* y redes globales. Están impulsadas por capital y gestión independiente, lo que les da libertad de movimiento, al no tener que depender de ninguna instancia superior. Pueden ser agencias pequeñas o grandes, con una o varias sucursales a lo largo del mundo. Es el caso de la agencia británica Mother, que reclama su independencia de los grandes *holdings* publicitarios como una marca de identidad, y tiene oficinas en Londres, Nueva York, Los Ángeles y Shanghái.

Suelen estar centradas en la creatividad y la estrategia y los presupuestos que manejan pueden compararse a los de las agencias que pertenecen a las redes y *holdings* globales de los que hemos hablado en el punto anterior. Otros nombres de destacadas agencias independientes son Shackleton, &Rosàs, Comunica+A, Peanuts & Monkeys, Doubleyou, Oriolvillar, La Despensa o Pingüino Torreblanca.

LA ESTRUCTURA DE MEDIOS CONVENCIONAL Y DIGITAL

1. *HOLDINGS* GLOBALES DE MEDIOS Y ENTRETENIMIENTO

Así como el formidable crecimiento de medios impresos y la aparición de las agencias de noticias y de publicidad fueron características del siglo XIX, en lo que a nuestro sector respecta, los siglos XX y XXI están marcados por la creación y desarrollo de grandes *holdings* de medios audiovisuales. En 1983, unas 50 corporaciones controlaban el sector de los medios tan solo en EE. UU.; y en nuestros días, la propiedad de los medios audiovisuales, a escala internacional, se concentra en manos de un pequeño número de corporaciones globales. Estos conglomerados empresariales controlan la mayor parte de la industria global de medios de comunicación y entretenimiento, a través de cadenas y redes de televisión por cable, estudios cinematográficos, sellos musicales, portales digitales... y una gran variedad de formatos impresos y audiovisuales. La historia de su formación está llena de fusiones, escisiones, compra y venta de participaciones, cambios de nombre... y no es fácil hacerles una foto fija. De entre ellas destacan, a día de hoy, cuatro grandes compañías americanas: The Walt Disney Company, Comcast, Warner Bros. Discovery y Paramount Global.

Existen conglomerados industriales con más presencia en el sector audiovisual o digital, aunque no vamos a verlos con detenimiento debido a que gran parte de su negocio se desarrolla en otros sectores económicos. En este punto podríamos hablar de gigantes como Sony o General Electric, así como grandes empresas tecnológicas estadounidenses como Google (Alphabet), Amazon, Facebook, Apple y Microsoft (GAFAM); o sus homólogas chinas, que amenazan con poner en jaque la actual hegemonía estadounidense: Alibaba, Baidu, Tencent y Xiaomi (BATX). La lista es extensísima y las complejas relaciones económicas y de poder que se establecen entre estos gigantes de la industria configuran la maraña que es el panorama mediático mundial. La mejor forma de obtener información actualizada sobre este punto es acudir a los rankings de las empresas de medios de comunicación líderes en el mundo que se publican en la web.

Esta estructura global e hiperconectada tiene sus luces y sus sombras. Lo audiovisual y lo tecnológico es ya una realidad extendida por el mundo y desde la mayor parte de países del globo se puede acceder a contenidos de todo tipo, con las ventajas que ello conlleva para su desarrollo industrial y cultural. Pero, a pesar de la aparente pluralidad de voces, la realidad es que la información, los contenidos, y su distribución, se encuentran controlados por unos pocos. Esto tiene dos consecuencias directas: la estandarización de la cultura, que favorece la globalización; y la disminución de la independencia de quienes trabajan para los medios, lo que favorece la corrupción, especialmente en la esfera política.

A continuación, apuntaremos, sin ánimo de exhaustividad, algunos aspectos destacables de los que hoy son los principales *holdings* globales de medios. Aquí ocurre un poco como con los grupos publicitarios: todos los *holdings* de medios se parecen en su estructura: buscan expandirse y diversificarse y poder así aprovechar las sinergias que dicha diversificación permite. De momento, aunque seguro que no por mucho tiempo, la realidad es esta:

THE WALT DISNEY COMPANY

Es una corporación americana de medios de comunicación diversificados con sede en California. Fue fundada el 16 de octubre de 1923 por Walt Disney y Roy O. Disney como el Disney Brothers Studio, y se convirtió en líder de la industria de animación antes de comenzar su diversificación hacia la industria cinematográfica, televisiva y parques temáticos. El *holding* tiene en su haber hitos como el de haber sido el responsable de introducir el color en la animación con *Flowers and Trees*, y de estrenar el primer largometraje animado (*Blancanieves y los 7 enanitos*).

La compañía hizo una expansión empresarial importante, creando divisiones de teatro, radio, música, editorial, *merchandising* y medios digitales. Desde el año 2005 destacan las compras de Pixar, de Marvel, de Lucas Films y de la 20th Century Fox, lo que consolida su política expansionista y la refuerza como uno de los principales *holdings* de medios de comunicación y entretenimiento a nivel mundial.

COMCAST

Sigue de cerca a Disney en el ranking de conglomerados mediáticos más grandes del mundo. Desde 2011 Comcast es propietario de NBC Universal, empresa estadounidense de producción y distribución de productos de entretenimiento y servicios informativos a nivel mundial: cadenas de televisión, canales de cable, productoras de películas para cine y televisión..., y gestiona los Estudios Universal Pictures y la red de parques temáticos Universal Parks & Resorts en Orlando, Japón y Singapur.

WARNER BROS. DISCOVERY

Es otro de los grandes. La empresa se formó cuando en abril de 2022 se produce la fusión de Warner Media (anteriormente conocida como Time Warner, un conglomerado multinacional estadounidense de medios de comunicación y entretenimiento, propiedad de AT&T) y Discovery, Inc. (anteriormente Discovery Communications, una compañía global de medios y entretenimiento estadounidense). Tiene su sede en la ciudad de Nueva York.

PARAMOUNT GLOBAL

También fruto de una fusión, la de CBS Corporation y Viacom (el que fuera el cuarto conglomerado mediático más grande en el mundo, detrás de The Walt Disney Company, Comcast y Warner Media). La historia de Paramount Global es bastante curiosa, pues estas dos compañías ya habían sido una sola con anterioridad. Su separación se produjo en el 2006 y su fusión se produjo en 2019.

2. EL PANORAMA ESPAÑOL

De nuevo, a la hora de asomarnos al sector de la comunicación en España, nos encontramos con un embrollo de empresas en el que se mezclan el periodismo, la empresa, la política, los ideales, la corrupción, la ambición y el poder. La finalidad de este epígrafe no es otra que la de aportar algunas claves que nos permitan entender algo mejor el panorama mediático patrio, y nos aclaren algunos puntos a la hora de investigar sobre el mismo.

Antes de entrar en nombres, es importante saber que el espectro radioeléctrico no es ilimitado, ni está a disposición de quien quiera utilizarlo. Quien opere una radio o una televisión necesita obtener una licencia, que el gobierno concede por concurso público. En dicho concurso deben valorarse una serie de criterios, como la expresión libre y pluralista de ideas y opiniones; la propuesta técnica, económica y de programación; o la estrategia corporativa, entre otras. Y la Unión Europea vigila, exigiendo que estas concesiones se otorguen en virtud de criterios objetivos y proporcionales.

En nuestro país encontramos grupos privados (Atresmedia, Prisa, Unidad Editorial, Mediaset...); y de titularidad estatal (Corporación Radio Televisión Española); así como una serie de entes públicos de radio y televisión de las comunidades autónomas, asociados en su mayor parte en la Federación de Organismos de Radio y Televisión Autonómicos (FORTA), cuya titularidad ostentan los gobiernos autonómicos. Cantabria, Castilla y León, Navarra y La Rioja son hoy por hoy las únicas comunidades autónomas que no disponen de canal propio de televisión.

Estos operadores públicos tienen una cobertura regional, y se financian mediante subvenciones y publicidad. Algunos de ellos son la Corporació Catalana de Mitjans Audiovisuals, con 5 canales de televisión y 3 de radio; la Agencia Pública Empresarial de la Radio y Televisión de Andalucía (RTVA), que dispone de 3 canales de televisión y 2 de radio; o Radio Televisión Madrid (RTVM), con 2 cadenas de televisión y 1 de radio.

La gran mayoría de los medios de comunicación privados que operan en España dependen de grandes grupos editoriales o multimedia, con una estructura accionarial bastante compleja y cambiante. Así, nos encontramos con grupos que compran otros grupos (en el 2007 Unidad Editorial adquiere Recoletos, y en 2019 Prensa Ibérica anuncia la compra del Grupo Zeta) o poseen acciones en los mismos (en 2003, Planeta pasa a ser el accionista principal de Atresmedia); grupos que se fusionan (en el 2011, el Grupo Antena 3 lo hace con la Gestora de Inversiones Audiovisuales La Sexta); multinacionales extranjeras que controlan grupos enteros (el grupo italiano RCS Media Group controla el 96% de Unidad Editorial, y Mediaset pertenece al Grupo Fininvest, propiedad de Silvio Berlusconi)[6]; o empresas o bancos que rescatan grupos a través de la compra de sus acciones (rescate de Prisa por parte de Telefónica y los bancos Santander, Caixabank y HSBC tras el desplome de su cotización en el periodo 2008-2012).

Puede decirse que los propietarios de los grupos privados españoles –o que operan en España– son hoy empresas de diversos sectores de la sociedad, desde fondos de inversión hasta constructores, que invierten en uno o varios medios en cuyo accionariado también están presentes otras empresas, españolas o extranjeras. De hecho, existe una fuerte presencia de empresarios y grupos italianos en España (Unidad Editorial, Mediaset). Esto hace cada vez más difícil de valorar la tendencia ideológica de un grupo de comunicación, pues ocurre que medios con una tendencia ideológica aparentemente diferente, pertenecen a un mismo propietario (véase el Grupo Planeta, que es dueño de Antena 3 y La Sexta). Empezaremos este repaso a los grandes medios de comunicación de nuestro país con el ente público RTVE.

CORPORACIÓN RADIO TELEVISIÓN ESPAÑOLA

RTVE es la gran empresa pública española de medios de comunicación. La integran TVE (con los canales La1, La2, el canal de noticias 24 horas, Clan, Teledeporte, TVE internacional, Star HD, 24h y Clan internacional); RNE (Radio Nacional, Radio Clásica, Radio 3, Ràdio 4, Radio 5 y Radio Exterior de España); la web RTVE.es; el Instituto

---

6   Recuerda que estos datos y porcentajes pueden no estar actualizados.

RTVE y la Orquesta y Coro. También participa en la financiación de cine europeo y español.

En la actualidad, su capital social (control accionarial) es íntegramente estatal. Institucionalmente es independiente del Gobierno y la Administración General del Estado. No obstante, está bajo la supervisión del gobierno, que es ejercida por la Secretaría de Estado de Comunicación del Ministerio de la Presidencia. Si queremos comprender su funcionamiento es importante atender, en primer lugar, a cómo se financia; y, en segundo lugar, a cómo se elige su Consejo de Administración. Para completar información al respecto os remito a dos leyes, la Ley 17/2006, de 5 de junio, de la radio y la televisión de titularidad estatal; y la Ley 8/2009, de 28 de agosto, de financiación de la Corporación de Radio y Televisión Española.

Para entender la actual situación financiera de RTVE hay que remontarse al 2009, año en el que el presidente del gobierno José Luis Rodríguez Zapatero decidió prescindir de la publicidad comercial de TVE como vía de financiación. Aunque permanecieron los patrocinios culturales y deportivos de marcas como el grupo BSH, El Corte Inglés, Seat, La Caixa, Telefónica, Iberdrola, Ford o Sanitas, y la publicidad institucional, RTVE se quedó sin una parte sustancial de sus ingresos, en aras de una supuesta independencia de la cadena, y una mejora en la calidad del visionado para el usuario. Como consecuencia, otros grandes grupos mediáticos, privados –fundamentalmente Atresmedia y Mediaset–, dispusieron a partir de ese momento de más publicidad, y por tanto de más ingresos. Esta medida fue muy criticada y se interpretó, por muchos medios, como un favor económico que Rodríguez Zapatero les hacía a las televisiones privadas a cambio de otros favores políticos.

Desde enero de 2010, la CRTVE se financia, no solo mediante una partida de los Presupuestos Generales del Estado, que cubre el 50% de los gastos, sino también, de un impuesto extra del 0,9% a las compañías telefónicas (Orange, Vodafone, Movistar, Yoigo); el 3% a los ingresos brutos de las televisiones privadas abiertas; y el 1,5% de las televisiones de pago; así como por los ingresos que puedan derivarse de sus actividades y la comercialización de sus servicios y productos.

Otras televisiones públicas europeas como la inglesa, la francesa, la alemana o la italiana reciben financiación en mayor o menor medida a través de un impuesto directo que pagan los ciudadanos (canon), pero este no es el caso de España. A lo largo de esta década, la financiación de RTVE ha sido irregular y la viabilidad de su modelo muy cuestionada.

Respecto a la elección de los 10 miembros del Consejo de Administración, está estipulado que sean elegidos por las Cortes Generales (6 los elegirá el Congreso y 4 el Senado), y su elección requerirá una mayoría de dos tercios de la Cámara correspondiente. Si no lo logran, se propondrá el nombramiento de un administrador provisional único para la Corporación, a la espera de un concurso público. De entre los 10 consejeros electos, el Congreso de los Diputados designará al presidente de la Corporación por una mayoría de dos tercios de la Cámara. Es necesario, por tanto, un consenso que no siempre ha existido.

Esto fue lo que ocurrió en el año 2018, en el que la periodista Rosa María Mateo fue nombrada administradora única provisional (cargo que aglutina las funciones tanto del presidente como del Consejo de Administración) a través de un decreto ley. A pesar de que, en un principio, la periodista debería haber ostentado su cargo entre dos y tres meses, su desempeño se alargó casi tres años. Esta grave irregularidad tocó a su fin a principios del 2021, cuando Congreso y Senado finalmente eligieron a los 10 vocales del Consejo de administración y José Manuel Pérez Tornero fue designado presidente.

Veamos ahora cómo se configura el sector privado en España. En él destacan grupos de medios como Prisa, Vocento, Unidad Editorial, COPE, Planeta, Atresmedia, Mediaset, Imagina Media Audiovisual, Godó, Prensa Ibérica, o Libertad Digital. Nos limitaremos a destacar algunos detalles interesantes de los más relevantes.

PRISA

El Grupo PRISA (Promotora de Informaciones S. A.) es un gigante de los medios de comunicación presente fundamentalmente en la Península Ibérica e Hispanoamérica. Su actividad alcanza hasta 23 países, un indicador que puede hacernos ver la diferencia que existe con los grandes *holdings* norteamericanos. Algunas de sus marcas más destacadas son las del periódico *El País*, *Cinco Días*, *El HuffPost,* Los 40, Cadena Ser, *As*, o Editorial Santillana, como puede observarse, pertenecientes a los ámbitos de la información, el entretenimiento y la educación.

Prisa se consolida bajo la dirección de Jesús de Polanco –fundador de la Editorial Santillana– y con Juan Luis Cebrián –otrora director de los informativos de RTVE durante el Régimen de Franco– como director del periódico *El País*. A partir de ahí, comienza una historia de éxito que, no obstante, aparece jalonada de acusaciones de cercanía con el poder a cambio de beneficios –fundamentalmente con el Partido Socialista Obrero Español (PSOE), aunque también con determinadas figuras del Partido Popular (PP)–.

A finales de los 90, Prisa controlaba la primera cadena de emisoras del país, con la Cadena Ser a la cabeza; el periódico líder en lectores *El País*; y Canal+, y se posicionaba como un grupo mediático, ideológicamente próximo a la izquierda, con una gran influencia en la esfera política, que llegó a ser acusado de monopolio informativo. No obstante, con la crisis del 2008 comenzó un declive en el que continua sumido en la actualidad. Hoy en día, el grupo arrastra una grandísima deuda, generada después de años de pérdidas, y a pesar de los sucesivos rescates y recapitalizaciones, se enfrenta a una progresiva pérdida de influencia.

UNIDAD EDITORIAL

El grupo Unidad Editorial se formó en el año 2007 a partir de la fusión del Grupo Recoletos y Unedisa. Está controlado, prácticamente en su totalidad, por el grupo italiano RCS Media Group, una de las principales empresas globales multimedia, y editora líder de prensa en Italia y España. Algunas de sus marcas más conocidas son los diarios *El Mundo, Expansión* y *Marca*; las revistas *Telva, Yo Dona, Fuera de Serie, Metrópoli,* o *Actualidad Económica*; y en el sector editorial La Esfera de los Libros.

VOCENTO

Vocento es un grupo de medios de origen vasco, que también es fruto de una fusión, la que se produce en el año 2001 entre el Grupo Correo y Prensa Española. Despliega su actividad en televisión, prensa, radio, internet y producción audiovisual, a través de marcas como el diario nacional *ABC*, diarios locales como *El Correo, El Diario Vasco, El Diario Montañés, La Verdad, Ideal, Hoy, Sur, La Rioja, El Norte de Castilla, El comercio* o *Las provincias*, y suplementos como *XL Semanal* o *Mujer hoy*.

Vocento y la cadena Cope mantienen un acuerdo por el cual los dos grupos refuerzan su estrategia editorial –que se basa en ambos casos en valores conservadores– y de negocio. La cadena Cope gestiona comercialmente una programación compartida, y las marcas Cope y *ABC* intentan vincularse y reforzarse mutuamente. Asimismo, la Cope fomenta la integración de profesionales de la comunicación de Vocento en sus principales programas, en los que se tratan temas de interés común.

GRUPO GODÓ

El grupo Godó es un grupo catalán creado en 1998 y controlado en su mayor parte por la familia Godó, con Javier Godó a la cabeza (el del torneo de tenis Conde de Godó, sí). Edita *La Vanguardia* y *El mundo deportivo*, dos de los periódicos más antiguos de España. Se mueve en los ámbitos de la radio, la televisión, prensa y digital, editoriales de libros y nuevas tecnologías.

PRENSA IBÉRICA

Este grupo de prensa, que preside Francisco Javier Moll, se gana su derecho a figurar en esta lista tras la compra de Ediciones Zeta en 2019. Ediciones Zeta fue fundado en 1976 por Antonio Asensio Pizarro. En esos años, tras la muerte de Franco, España se enfrentaba a un tiempo nuevo, y en este contexto de cambio nació la revista *Interviú*, que se conviertió en referente de un nuevo tipo de periodismo. Junto con *Interviú* (que es digital desde el 1 de marzo de 2018), algunas de sus marcas y publicaciones más conocidas son *El Periódico de Catalunya*, *Tiempo* (también digital), *Cuore*, *Stilo*, *Viajar*, *Woman*, *Boing*, *Disney Channel. Revista Oficial* o *Cartoon Network Magazine*.

MEDIASET ESPAÑA

Mediaset España es un conglomerado audiovisual español, cuya comunicación se centra en la producción y exhibición de contenidos televisivos. Pertenece al grupo italiano Mediaset –controlado a su vez por el grupo financiero Fininvest, fundado por el difunto Silvio Berlusconi y presidido por su hija Marina Berlusconi (al igual que Mondadori, empresa editora líder en Italia)–. Una figura importante de este grupo ha sido Paolo Vasile, uno de los hombres que más ha contribuido al carácter hiper comercial de su programación televisiva. Entre otras cosas, Vasile ha sido el impulsor en España de la telerrealidad, un formato extraordinariamente rentable, con títulos como *Supervivientes* o el ya clásico *Gran Hermano*. Actualmente Mediaset España opera los canales de televisión Telecinco, Telecinco HD, Cuatro, Cuatro HD, Factoría de Ficción, Boing, Divinity, Energy y Be Mad.

Es importante destacar que este *holding* es el fruto de la fusión entre Gestevision Telecinco y Sogecuatro (2011), una operación que más adelante sería tomada como referencia para permitir la fusión del Grupo Antena 3 con GIA La Sexta (2012) y crear así el duopolio televisivo Atresmedia-Mediaset, que hoy opera en nuestro país.

ATRESMEDIA

La otra pata del duopolio, también opera principalmente en el sector audiovisual. Entre los canales que ambos gestionan suman al menos la mitad de la audiencia en nuestro país y facturan casi el 90% de la publicidad. Esto dificulta que otros medios puedan competir con ellos en igualdad de condiciones, y sitúa a ambos grupos en el punto de mira de la Comisión Nacional de los Mercados y la Competencia (CNMC), que ya los sancionó por comercializar conjuntamente la publicidad de sus canales. Esta práctica imposibilita de hecho la competencia en igualdad de condiciones respecto a cadenas de otros grupos, y consolida el duopolio televisivo. Su presidente es José Creuheras Margenat, también presidente de Planeta, como veremos a continuación. Algunas de sus marcas más conocidas son Antena 3, La Sexta, Neox, Nova y Mega en televisión, y en radio Onda Cero, Europa FM o Melodía FM.

GRUPO PLANETA

Planeta fue fundado y presidido por José Manuel Lara Hernández, y tras su muerte por su hijo José Manuel Lara Bosch. Desde el 2014 lo preside José Creuheras Margenat, quien fuera vicepresidente del Grupo con Lara Bosch, y hoy también presidente la Corporación Atresmedia. Planeta ha tenido siempre un fuerte carácter editorial. De entre todas las áreas en las que se mueve este gigante de los medios (sector editorial, coleccionables, formación, venta directa, medios de comunicación...) destacan las 64 editoriales que convierten a Planeta en el primer grupo editorial en lengua española y el décimo del mundo.

Durante la primera década del siglo XXI, Planeta incrementó su presencia en el sector de la comunicación. Aquí destaca especialmente el periódico de tirada nacional *La Razón*, y su participación dominante en Atresmedia Corporación, grupo con el que, como vemos, tiene una fuerte vinculación y del que es el principal accionista (Antena 3, La Sexta, Onda Cero...).

IMAGINA MEDIA AUDIOVISUAL

Imagina Media Audiovisual nace en 2006 con la integración de las productoras Globomedia y Mediapro. Fue el primer grupo audiovisual independiente en la creación y producción de contenidos audiovisuales en España, y uno de los primeros de Europa. Hoy es un gigante internacional de la producción audiovisual, con presencia en más de 150 países.

Globomedia es una de las mayores productoras de televisión de Europa, creadora de series de ficción, programas de entretenimiento, películas, anuncios de televisión y otros contenidos audiovisuales, entre los que se encuentran *Águila roja, El Barco, El internado, Los Serrano, Los hombres de Paco, Aída, Compañeros, Médico de familia, El Intermedio, El objetivo, Zapeando, El informal, Caiga quien caiga...*

Mediapro es otro gigante audiovisual, que produce contenidos para cualquier género televisivo o cinematográfico, nacional o internacional (informativos, documentales, entretenimiento, o canales temáticos en operadores como HBO, FOX, Netflix, Amazon, YouTube, Atresmedia, DirecTV, Sky México, ViacomCBS, Turner, Artear, Televisa...). En España trabaja para cadenas nacionales (TVE, Antena 3, La Sexta, Telecinco, Cuatro), autonómicas (TV3, Canal Sur, 8TV, Aragón TV, ETB, Telemadrid) y de pago (Movistar+, Fox, Movistar laliga, Amazon, Netflix).

De sus dos fundadores, Tatxo Benet y Jaume Roures, Roures es quizá la cara más conocida. De él cabe destacar su vinculación declarada a partidos radicales de izquierda como Unidas Podemos, y al separatismo catalán –igual que su socio–, así como su promoción de la abolición del sistema monárquico español y de la desobediencia civil.

Tras la llegada al grupo del fondo chino Orient Hontai Capital, y tras convertirse este en el socio mayoritario, Roures, tras 30 años, es expulsado del grupo que él mismo fundó.

TELEFÓNICA

Si bien esta empresa no es un holding de medios de comunicación, y no debería estar en esta lista, vamos a hacerle un sitio, pues su importancia en el panorama mediático español es muy alta. Telefónica es una empresa multinacional tecnológica, de carácter estratégico para España, implantada en más de 20 países. A través de la plataforma Movistar+, la tecnológica apuesta por la producción de ficción española original, con series como *La Peste*, *Arde Madrid*, *La Unidad* o *Hierro*, y películas como *Mientras dure la Guerra* o *La Fortuna*. En septiembre de 2023, Saudí Telecom Group (STC) –empresa multinacional de telefonía móvil de capital saudí que opera en varios estados de Oriente Medio– se hace con el 9,9% de su capital.

3. PANORAMA DE MEDIOS DIGITALES EN ESPAÑA

El origen de los medios digitales en España se fecha en los años 90. No obstante, ante la llegada del cambio que supuso internet en todo el proceso de creación, distribución y recepción de noticias en España, no puede decirse que la adaptación a lo digital de los grandes grupos de medios españoles haya sido precisamente pionera. Ramón Salaverría sostiene, al hablar de dichos grupos mediáticos, que en España,

> ante un ecosistema informativo en transformación, sus decisiones fueron casi siempre tímidas, defensivas, más orientadas a guardar la ropa de sus negocios tradicionales que a nadar en las nuevas aguas digitales. Mientras empresas emergentes colonizaban territorios vírgenes en internet, la mayoría de las empresas periodísticas prefirieron acantonarse en sus cuarteles analógicos. El resultado de ese error estratégico ha sido, no solo una enorme dificultad por parte de la industria periodística para adaptarse a los cambios de su profesión y de su negocio, sino también una histórica pérdida de oportunidad, que ha sido aprovechada por nuevos rivales nacidos en la propia red (2021:22).

Hoy en España, los grandes grupos de medios que centran su actividad en marcas tradicionales, y al mismo tiempo ofrecen contenido digital –Prisa (*Huffpost, Podium Podcast*), Atresmedia (*Novalife, Celebrities, Liopardo, Tecnoxplora*), Mediaset (*Nius, Mtmad, Yasss, Uppers*) o Prensa Ibérica (*Tendencias 21, Guapísimas, Verde y azul, Áreajugones*)–, conviven con grupos de medios nativos digitales[7] (*El Español, Wemedia, Difoosion, Libertad digital*) así como con múltiples publicaciones crecientes en número (*El confidencial digital, Estrella digital, El semanal digital, El Plural...*).

Si bien es verdad que seguimos informándonos a través de medios tradicionales, el periodismo es hoy una profesión altamente digitalizada. El consumo de información mediante plataformas y dispositivos digitales crece y se instala entre los usuarios como una rutina permanente, al mismo tiempo que la inversión publicitaria se traslada al terreno digital. No obstante, los españoles nos adaptamos lentamente al pago por noticia, algo que, junto al hundimiento de las ventas de productos impresos, la caída de los ingresos publicitarios en medios convencionales, y la creciente concentración de la inversión publicitaria digital en torno a Google o Facebook, hacen que las empresas mediáticas españolas deban transformarse con rapidez si pretenden transitar hacia un futuro que se presume totalmente digital.

En el progresivo desgaste de los medios tradicionales –sobre todo prensa y en menor medida radio y televisión–, así como en el fenómeno de multiplicación de medios nativos digitales, tuvo mucho que ver la crisis económica mundial de 2008, y por supuesto la pandemia del Covid-19, que aceleró las tendencias que el

---

7   Aquellos medios que nacen originariamente para internet, territorio que conciben como su hábitat natural.

mercado de la comunicación venía arrastrando en los últimos años (Vara-Miguel, G. Breiner, 2021:109).

En este escenario, la sostenibilidad económica de los medios digitales se presenta como un reto fundamental, y las formas de financiación se diversifican. A día de hoy las más frecuentes son: la publicidad convencional en cualquiera de sus formatos: combinados de texto y o video, ventanas emergentes, anuncios a pantalla completa, clasificados... (el anunciante paga al medio en función del número de visualizaciones, *clicks* o compras que haga el usuario); el contenido patrocinado o *branded content*, que incluiría la publicidad nativa y los contenidos o secciones patrocinadas y/o financiadas explícitamente por una marca comercial; el pago individual, en el que se incluye tanto el pago por unidad (noticia, o ejemplar o acceso diario), la suscripción y/o membresía (contenidos exclusivos) o la donación; y las ayudas públicas o privadas (Vara-Miguel, G.Breiner, 2021:112).

CONSUMO Y CONSUMIDORES EN EL SIGLO XXI

1. CONSUMO Y CONSUMIDORES EN EL SIGLO XXI

Y llegamos, finalmente, al último elemento en la estructura del sector: el consumidor, un actor fundamental, en la medida en la que el sistema le ha colocado en su centro, basando la producción en la capacidad de este para consumir productos e información. Con la pandemia del Covid-19 aún fresca en nuestra memoria, resulta necesario recordar cómo, a mediados de marzo del 2020, la sociedad de consumo se detuvo. Para evitar la propagación del coronavirus, se realizaron confinamientos de la población en 170 países, que afectaron a casi el 75% de la población mundial. Las calles se vaciaron, los grandes eventos deportivos y culturales se suspendieron, las industrias detuvieron su actividad y las fronteras se cerraron. Se paralizó la actividad económica. El estilo de vida y la organización social cambiaron abruptamente, situándonos, casi de la noche a la mañana, en un escenario que, en ocasiones, parecía más propio de una serie de ficción distópica que de la realidad a la que estábamos acostumbrados.

Desde un punto de vista económico, el coronavirus puso en suspenso el modelo de producción capitalista, que no había dejado de crecer y acelerarse desde la Revolución Industrial del siglo XIX. Nos encerraron en nuestras casas y adecuamos nuestro consumo, trabajo y rutinas, a nuestras prioridades y posibilidades. No sin atravesar una crisis profunda en muchos aspectos de su vida, el ser humano se adaptó.

El confinamiento nos situó en un nuevo escenario en el que se consolidó un tipo de consumidor que pasa más tiempo conectado al entorno digital, que ahora compra fundamentalmente a través de la web, y está altamente sensibilizado con el uso que las marcas hacen de sus datos. El consumidor es hoy más consciente que nunca de su lugar en el sistema, y se ha vuelto experto en el uso de canales de comunicación. Ese prototipo ha sido ya definido con palabras como prosumidor (*prosumer*)[8] o crosumidor (*crossumer*)[9], figuras que nos indican que el muro entre productor y consumidor, entre emisor y receptor, se desvanece.

La tecnología digital permite e impulsa nuevas formas de relación entre marcas y consumidores, caracterizadas por una mayor escucha por parte del anunciante y una mayor participación por parte del consumidor:

> La interactividad, fruto de la transformación digital, ha invertido la balanza de poder entre las marcas y los consumidores. La marca ya no puede limitarse a decirle al

---

8   «Prosumer: anglicismo formado a partir de la unión de los conceptos productor y consumidor que identifica al consumidor que se convierte también productor de contenidos. Hace uso de las aplicaciones y sitios web, aportando información de un producto o servicio y produce contenido sobre su experiencia con el producto. Ya no sólo se conforma sólo con consumir, sino que opina» (Valverde, 2014:167). No obstante, ya se habla de adprosumers, una superación del concepto que motiva el hecho de que, en ocasiones, sean los propios consumidores quienes viralicen productos, prescriban marcas, u ofrezcan sus propios contenidos vinculados a dichas marcas, especialmente en las redes sociales.

9   «Crossumer: anglicismo que hace referencia a un tipo de consumidor activo, que se enfrenta a la comunicación y estrategia de las marcas con una perspectiva desconfiada y analista. Está familiarizado con el mundo del marketing y la publicidad, lo que le otorga una posición más crítica hacia el mensaje que se le pretende trasladar» (Valverde, 2014:65).

consumidor qué producto debe comprar o dónde debería comprarlo. Más bien, es el consumidor quien dicta a la marca los términos y condiciones del encuentro entre ambas partes. De esta manera, se ha pasado de un mercado dominado por el profesional del marketing, a otro dominado por el consumidor (Negredo, Kaufmann-Argueta, 2021:124).

El hecho de que hoy el usuario se haya convertido en un generador de contenido, conduce al anunciante a buscar un encuentro entre ambos, e intentar generar espacios de creación compartida de la marca. Una tendencia que, sin duda alguna, el metaverso va a impulsar, y que se manifiesta en el desarrollo y expansión que está teniendo el *branded content* y la comunicación transmedia. Esta realidad afecta, de igual modo, a los medios de comunicación, que se convierten en un jugador creativo más en el ecosistema del *branded content* a través de la creación de «unidades de contenido» dentro del propio medio, que profesionalizan la relación con las marcas.

Pero en este nuevo mundo hiperconectado tecnológicamente, en el que las posibilidades parecen infinitas y se producen constantes sinergias, también se plantean inquietantes situaciones, debido a los hackeos y la falta de privacidad, el poder de las *fake news*, o la sensación de que estamos recibiendo todo tipo de información cuando, en realidad, estamos encerrados en burbujas cognitivas. Porque, a pesar de que parecemos libres a la hora de navegar por internet, ver determinadas noticias, o consumir productos, nuestra lectura del mundo está fuertemente mediatizada por la propia estructura tecnológica de las páginas web y las redes sociales.

Como consumidores y usuarios de los medios, nos enfrentamos a nuevos y constantes retos, por ejemplo, el de la multicanalidad a la hora de comunicarnos. Nos relacionamos a través de llamadas, chats, mensajerías, foros, videoconferencias, redes sociales, email, aplicaciones, etc. Todo esto transforma nuestra manera de comunicarnos, la debilita, y nos acostumbra a vivir en un mundo de impactos e ideas superficiales. La hiper comunicación satura nuestras mentes, cada vez menos preparadas para tareas que exijan concentración y profundidad de pensamiento, y menos proclives a prestar atención. Y esto plantea un problema, también a los publicistas, que se encuentran con un consumidor desmotivado, saturado de mensajes (solo 4 de cada 100 anuncios reciben más de un segundo de atención). El mercado es hoy más que nunca, el mercado de la atención.

Y todo esto va modificando nuestro comportamiento y nuestros hábitos. Nos volvemos impulsivos, acostumbrados a un modelo de consumo cien por cien a nuestra medida –tengo lo que quiero, cuando quiero, a través de la pantalla que quiero–, y también desconfiados, al darnos cuenta de que hemos cedido cuotas excesivas de privacidad, y que la capacidad de elección que creemos tener no es tal. Nuestra conciencia de que somos esenciales para el funcionamiento de la sociedad de consumo crece, y aquí cobra sentido el trabajo de las asociaciones de defensa del consumidor y de autorregulación de la publicidad que veremos más adelante.

2. CONSUMO VIRTUAL: *E-COMMERCE* EN TIEMPOS DE PANDEMIA

Un efecto de la pandemia fue la consolidación del consumo virtual o *e-commerce* (compraventa-distribución de productos a través de internet). Algunos de los gigantes del comercio electrónico en la actualidad son

Amazon, eBay, Walmart, Aliexpress, o Alibaba[10]. También nos resultan ya conocidas aplicaciones como Wallapop o Vinted, que ponen en contacto a vendedores y compradores sin que medie necesariamente una organización para llevar a cabo sus transacciones.

Las ventajas son evidentes: compras cómodas, desde casa, en el momento que convenga al usuario. Pero, a pesar lo ventajoso de este tipo de consumo, estas empresas también generan problemas: fomentan el desempleo, al sustituir empleados por tecnología; participan en acciones anticompetitivas y ponen en apuros a muchas pequeñas y medianas empresas que vivían vinculadas al mercadeo tradicional; o agrandan la brecha digital, es decir, las diferencias que existen entre los ciudadanos que dominan la tecnología, y los que carecen de formación y acceso a dispositivos electrónicos.

Pero quizá, más allá de la naturaleza disruptiva de las plataformas de comercio electrónico, lo que ha venido a modificar la estructura del mundo publicitario y de la comunicación, es la posibilidad de que nuestra información personal sea analizada y clasificada en algoritmos, para conocernos como consumidores, o como votantes. Al realizar una compra por la web y aceptar los términos y condiciones, valorar contenido digital en una plataforma, participar en una red social o utilizar una aplicación, cedemos información sobre nuestra ubicación, nuestros hábitos, gustos, ideas políticas o estados de ánimo, datos que pueden parecer irrelevantes, pero que son oro

---

10 Como ya sabemos de sobra a estas alturas, el ámbito del consumo y la comunicación están estrechamente relacionados, y plataformas de distribución comercial y gigantes del comercio electrónico están cada vez más interesadas en vincularse empresarialmente al mundo de la comunicación. Véase al respecto la compra del estudio de cine Metro Goldwyn Mayer (MGM) por Amazon por 8.450 millones de euros.

para las empresas de publicidad y de comunicación. Así, somos introducidos en un espacio digital, el *big data*, donde, a partir de los datos obtenidos, se nos segmenta en función de nuestras ideas, gustos y forma de vida. En función de esto, los anunciantes nos dirigirán publicidad específica, adecuada a nuestros gustos y necesidades. La publicidad programática parte de la base de que nuestra información personal se ha transformado en un producto de compra y venta por parte de corporaciones comerciales a escala mundial. Así, las empresas comprarán audiencias, perfiles muy segmentados de usuarios, y esta publicidad *online* será mucho más susceptible de ser efectiva que la del anuncio inserto en un espacio de un medio de comunicación tradicional.

> Tanto en los viejos como en los nuevos medios de comunicación, el anunciante tenía que encontrar un entorno endémico apropiado para un anuncio –una historia de moda para los zapatos, una historia de viajes para el hotel–, o tenía que comprar un posicionamiento basado en la demografía, es decir, la gente que lee *Fortune* puede permitirse zapatos y hoteles más caros. Eso era lo más cerca que podrían llegar de hacer sus anuncios más ajustados y eficaces. Sin embargo, la publicidad programática y ajustada puede mostrar un anuncio digital específico a un individuo determinado, independientemente del sitio web que está visitando. Así, el contexto proporcionado por el medio de comunicación tiene mucho menos peso que el conocimiento específico de que ese cliente potencial se interesó por esos zapatos o por ese hotel (Jarvis, 1918:154-155).

Cabe diferenciar entre las *cookies* propias[11] y las *cookies* de terceros[12]. Estas últimas son tratadas en el Reglamento General de Protección de Datos (RGPD), que entró en vigor en 2018. Según dicho reglamento, los sitios web deben informar sobre el tipo, finalidad y procedencia de las *cookies* que emplean. Google está trabajando en la creación de un entorno analítico que pueda prescindir de dichas *cookies*, aunque la realidad es que su fin se resiste a llegar. Si aceptamos las *cookies* de terceros permitimos que proveedores externos a la web que utilizamos (servicios analíticos, anunciantes...) puedan instalar sus *cookies* de seguimiento en nuestro equipo. Esto les permite acceder a datos demográficos, personales o a nuestra forma de navegar (cuál es nuestro recorrido por la web o cuánto tiempo permanecemos en el sitio).

3. *BIG DATA* Y SOCIEDADES DE CONTROL (TAN SOLO UN PEQUEÑO GUIÑO A ESTE APASIONANTE TEMA)

Pero, al igual que la tecnología permite que nuestros datos sean utilizados para segmentarnos en perfiles de usuario, también permite la monitorización constante

---

11   «La *cookie* es un archivo que se instala en la memoria temporal del ordenador de un usuario cuando accede a las páginas de determinados sitios web. La *cookie* envía información de ida y vuelta entre el navegador del ordenador y los sitios web visitados. Una *cookie* solo puede ser leída y entendida por el sitio web que la creó. No pueden contener virus ni ser ejecutadas, puesto que no son archivos activos». (Valverde, 2014:60).

12   «Las *cookies* de terceros son un tipo de *cookies* que, a diferencia de las propias, no tienen su origen en el propietario de la web, sino que están generadas por servicios o proveedores externos a dicha web. Por ejemplo, un blog de información puede tener *cookies* de Twitter (al pulsar el botón de compartir una noticia, se estaría generando una *cookie*). Como el resto de *cookies*, éstas también se descargan en el disco duro del usuario, pero a diferencia de las propias, se alojan en el servidor del anunciante. Una forma de generarlas es a través de los anuncios de otras empresas, productos o servicios alojados en la web». Disponible online en: https://protecciondatos-lopd.com/empresas/cookies-de-terceros/).

del ciudadano, y posibilita su vigilancia y la violación de sus derechos. A los datos pueden dársele multitud de usos, no todos legítimos –bajo nuestros parámetros europeos, claro–. Algunos de ellos son sumamente inquietantes, como el control de la población con fines políticos. El mejor ejemplo para ilustrar este punto lo tenemos, una vez más, en China:

> En China no hay ningún momento de la vida cotidiana que no esté sometido a observación. Se controla cada *clic*, cada compra, cada contacto, cada actividad en las redes sociales. A quien cruza con el semáforo en rojo, a quien tiene trato con críticos del régimen o a quien pone comentarios críticos en las redes sociales le quitan puntos. Por el contrario, a quien compra por internet alimentos sanos o lee periódicos afines al régimen le dan puntos. Quien tiene suficientes puntos obtiene un visado de viaje o créditos baratos. Por el contrario, quien cae por debajo de un determinado número de puntos podría perder su trabajo (Han, 2020:100).

Bien es verdad que China es un régimen comunista férreamente controlado por el Partido Comunista Chino (PCC), un país con una población acostumbrada a no cuestionar, y en el que no se cumplen los derechos humanos más elementales. Hacer que ocurra algo tan extremo en las actuales sociedades occidentales sería algo muy complicado, pues existen mecanismos de control y la población tiene conciencia de sus derechos (véase, por ejemplo, el juicio contra Google, denunciado por el Gobierno de Estados Unidos, por supuestas prácticas monopolísticas en 2023). Pero la posibilidad está ahí, y solo el vaivén de la Historia puede hacer que el mundo acabe, o no, en semejante deriva totalitaria. Nuevamente, a este respecto, ha sido el coronavirus lo que ha provocado que nos enfrentemos a nuevos retos, y a que el debate entre seguridad y libertad haya resurgido.

En líneas generales, no es descabellado pensar que, en la nueva época en la que ya estamos inmersos, y hablando de países con regímenes más o menos democráticos y liberales, la intervención estatal crecerá progresivamente, en detrimento de la libertad del individuo, y en connivencia con las grandes empresas tecnológicas y las operadoras de telecomunicaciones.

4. AUTORREGULACIÓN DE LA PUBLICIDAD Y PROTECCIÓN DEL CONSUMIDOR EN ESPAÑA

Hasta ahora, hemos visto cómo el consumidor se ha vuelto poderoso, y está en condiciones de ejercer, más que nunca, presión sobre anunciantes y medios. Ahora bien, al mismo tiempo que crece su poder, aumenta su desprotección. Los timos, los mensajes engañosos, las noticias falsas, la publicidad ilícita o las ventas fraudulentas son una realidad cada vez más cotidiana. Para proteger al consumidor existen una serie de leyes y organismos en prácticamente todos los países del mundo occidental. Algunos de los más destacados en España son la Agencia Española de Seguridad Alimentaria y Nutrición (Organismo Autónomo de la AGE), la CECU (miembro de la Oficina Europea de Consumidores y Usuarios y de la Organización Mundial de Consumidores), la OCU (asociación privada), o FACUA, de marcado perfil ideológico, que directamente se posiciona en contra del actual modelo de sociedad de consumo. Cada una con sus características y con distintos fines, se alinean con el movimiento consumerista para concienciar al consumidor de sus derechos y protegerlo de posibles abusos.

Y si hablamos de publicidad, en nuestro país hay normas y controles que actúan para garantizar que esta sea veraz. Están recogidas en la Ley 34/1988, de 11 de noviembre, General de Publicidad, así como en distintos cuerpos de profesionales compuestos por publicistas, consumidores y representantes de los medios, que monitorizan los productos publicitarios para garantizar su ética y rigor. Esto no solo protege al consumidor, sino a toda la industria publicitaria, que no puede permitirse el lujo de perder credibilidad, ya que esto sería el comienzo de su fin.

Autocontrol es una entidad privada reconocida por la Comisión Europea, que, a pesar de no tener carácter legal, resulta sumamente eficaz a la hora de interpretar y completar el marco legal aplicable en España. Involucra a anunciantes, agencias y medios, y escucha a los consumidores, con el objetivo de garantizar la honestidad de la publicidad. Autocontrol es miembro de EASA (European Advertising Standards Alliance), asociación que engloba a los organismos nacionales europeos de autorregulación –en Austria (ÖWR), Bélgica (JEP), Republica Checa (RPR), Finlandia (LTL) Francia (ARPP), Alemania (WBZ), Irlanda (ASAI) o Luxemburgo (CLEP) por poner algunos ejemplos–, así como a las principales asociaciones que representan a la industria publicitaria. Google se unió como miembro corporativo en el 2020.

Por otra parte, está el Consejo ICAS (International Council for Ad Self-Regulation) organismo internacional que agrupa los sistemas de regulación a escala global y a asociaciones internacionales de la industria publicitaria, y se constituye como un foro de debate sobre la situación y los retos de la industria. Como vemos, existe una enorme red que a distintos niveles –nacional, europeo, mundial–, ejerce de muro de autocontención de la industria en su propio beneficio, un hecho que protege a un consumidor cada vez más consciente de su posición de poder en un mundo que, para bien o para mal, gira en torno a nuestra capacidad de consumir.

No es este el lugar para llevar a cabo una extensa reflexión acerca de cómo esta forma de ser consumidor hoy, invade con intensidad, y en demasiadas ocasiones, nuestra rutina, nuestras relaciones sociales e incluso nuestra intimidad, reduciendo la grandeza del ser humano a la de un hombre-que-consume. Cómo cada uno se ve, se construye a sí mismo, o se relaciona con los demás es algo personal. Sin embargo, no podemos dejar de alertar sobre cómo esta dinámica del consumo puede hacernos olvidar, o descuidar, el mundo que existe más allá de la transacción económica, el mundo de lo que no cuesta dinero, la visión del hombre más allá de su capacidad para consumir productos o generar prosperidad económica. Curiosamente, la pandemia del coronavirus ha ayudado a responder preguntas que antes del confinamiento, tan solo se planteaban de manera retórica. ¿Dejaría la sociedad de existir, tal y como la entendemos, si dejáramos de consumir? ¿Es la capacidad humana de consumo ilimitada? ¿Puede afrontarla nuestro planeta? La más demoledora de todas quizá sea ¿qué somos cuando no consumimos? Contestar a estas preguntas es un trabajo que, ahora sí, depende de cada uno de nosotros, esperamos, que con algo más de criterio después de la lectura de esta pequeña guía.

FUENTES

BAUMAN, Z. y LYON D. (2013): *Vigilancia Liquida*. Paidós. Buenos Aires.

CEREZO, P. (2019): *Los medios líquidos. La transformación de los modelos de negocio*. Editorial UOC. Barcelona.

EGUIZABAL, R. (2011): *Historia de la Publicidad*. Madrid. Editorial Fragua.

GARCÍA VILLALOBOS, J. (Coordinador) (2020): *Fundamentos de Marketing*. CEU Ediciones. Madrid.

GONZÁLEZ LOBO, M. y PRIETO DEL PINO, M. (2009): *Manual de Publicidad*. Editorial ESIC. Madrid.

HAN BYUNG-CHUL (2020): «La emergencia viral y el mundo de mañana». En VARIOS AUTORES, *Sopa de Wuhan*. ASPO (Aislamiento Social Preventivo y Obligatorio).

JARVIS, J. (2018): *El fin de los medios de comunicación de masas*. Gestión, Barcelona.

— (2009): *Y Google, ¿cómo lo haría?* Centro Libros PAPF, Barcelona.

MACIÁ MERCADÉ, J. (2001): *Perspectivas de la comunicación publicitaria en la evolución de la sociedad mediática*. Editorial Universitas. Madrid.

MARTEL, F. (2012): *Cultura Mainstream. Cómo nacen los fenómenos de masas*. Santillana Ediciones Generales. Madrid.

MARTÍN-GUART, R. F. y FERNÁNDEZ CAVIA, J. (2014): «La publicidad y la agencia de medios frente al cambio en el ecosistema mediático». *Cuadernos.info*, 34, 13-25. DOI:10.7764/cdi.34.572.

NEGREDO S. y KAUFMANN-ARGUETA, J. (2021): «Las audiencias en los medios nativos digitales de noticias: competir entre las grandes marcas periodísticas». En SALAVERRÍA R. y MARTÍNEZ-COSTA, M. (coords.) (2021): *Medios nativos digitales en España. Caracterización y tendencias.* Comunicación Social. Zamora.

PORTERO, F (2017): «De una época en cambio a un cambio de época», conferencia de clausura del Executive. MBA Escuela de Negocios UFV-ADEN. 7 de abril de 2017.

SALAVERRÍA R. y MARTÍNEZ-COSTA, M. (coords.) (2021): *Medios nativos digitales en España. Caracterización y tendencias.* Comunicación Social. Zamora.

VALVERDE, M. (Coordinadora) (2014): *Diccionario básico de la comunicación: publicidad, marketing, creatividad y relaciones públicas: competencias profesionales e innovación docente en el EEES.* CEU Ediciones. Madrid.

SE TERMINÓ DE IMPRIMIR ESTA EDICIÓN DE
ESTRUCTURA DEL SECTOR PUBLICITARIO Y DE MEDIOS.
GUÍA PARA EL ESTUDIO
EL DÍA 11 DE FEBRERO DE 2024,
FESTIVIDAD DE NUESTRA SEÑORA DE LOURDES

LAUS DEO VIRGINIQUE MATRI